U0107507

［東大流］
流れをつかむ すごい！
日本史講義

东京大学
日本史

［日］
山本博文
著

————

徐峥榕
译

浙江人民出版社

图书在版编目（CIP）数据

东京大学日本史／（日）山本博文著；徐峥榕译 . —
杭州：浙江人民出版社，2022.2
ISBN 978-7-213-10365-0

Ⅰ.①东… Ⅱ.①山… ②徐… Ⅲ.①日本—历史
Ⅳ.① K313.0

中国版本图书馆 CIP 数据核字（2021）第 216017 号

浙 江 省 版 权 局
著 作 权 合 同 登 记 章
图字：11-2020-406 号

东京大学日本史

[日] 山本博文　著　　徐峥榕　译

出版发行：浙江人民出版社（杭州市体育场路347号　邮编　310006）

市场部电话：（0571）85061682　85176516

责任编辑：潘海林　李　楠

营销编辑：陈雯怡　赵　娜　陈芊茹

责任校对：戴文英

责任印务：刘彭年

封面设计：异一设计

电脑制版：北京弘文励志文化传播有限公司

印　　刷：浙江新华印刷技术有限公司

开　　本：710毫米×1000毫米　1/16　印　　张：14

字　　数：180千字

版　　次：2022年2月第1版　　印　　次：2022年2月第1次印刷

书　　号：ISBN 978-7-213-10365-0

定　　价：68.00元

如发现印装质量问题，影响阅读，请与市场部联系调换。

近年来，越来越多的人开始学习日本史。为此，日本出版历史教材的山川出版社，以通俗读物的形式出版了一本修订版的教材《重读山川日本史》（もういちど読む山川日本史），该书刚一上市便被抢购一空。

当我们评价一本书读来索然无味时，往往会说它"像教科书一样枯燥"。但我们也知道，即便教材千篇一律，它仍然是学生汲取知识的最主要来源。

在长期编写初高中日本史教材的过程中，我发现唯有教材才能在编写时做到反复推敲语句、细心斟酌每一个字眼。而且，编写教材时还需要听取一线教师的意见，在编委会上反复讨论确定，并最终接受文部科学省的审核。因此，通俗的说法就只能按照规范语言来表达。即便撰写初稿时颇费工夫，在反复修改的过程中，往往还是会演变为令人兴味索然的平铺直叙。

为了改变现状，我在吸收最新研究成果的同时，开始尝试以通俗讲史的方法来讲述日本史。我曾经在新潮新书出版的《掌握历史知识的技巧》中，便以随笔的形式做了一次尝试。读者阅读后，都认为该书妙趣横生，希望我能出版一部更为详尽的作品。为了满足读者的期待，我开始了本书的撰写工作。

今天，历史研究成果日新月异，历史观也发生了重大变化。因此，我们随之也要调整教材中的表述。可见，如果我还是从旧石器时代开始叙述，恐怕又将落入循规蹈矩的俗套。因此，本书将以问答的形式详细介绍日本各个时代值得重点关注的历史问题。

本书与《重读山川日本史》不同，将选择性的展示日本史中的疑难问题。例如，《重读山川日本史》一书在解释"武士产生的原因"时曾这样表述：

当时，一些实力雄厚的地方豪族为扩张势力，开始拿起武器参加战斗。他们及其率领的一众家臣、郎党等随从便形成了武士群体。为了安抚这一正在扩张中的群体，中央和地方贵族让这些地方武士以"侍"的身份侍奉左右。如有的武士会被任命为宫中警卫机构龙口的武士，有的武士则会被任命为各国的追捕使、押领使，分担维持地方治安的任务。

此处的"当时"是指日本的承平、天庆年间（931—947 年），即发生平将门之乱和藤原纯友之乱的平安时代中期。

由此可以得出结论：武士产生的过程就是拥有雄厚实力的地方豪族通过自我武装成为武士，进而逐渐进入中央的过程。

但是，当今日本史学界通常认为，武士发端于中下级贵族阶层。当时，为了镇压已不服从政府管理的地方武装势力，天皇曾指派这些中下级贵族进行剿灭。其中，镇压平将门之乱的藤原秀乡和平贞盛是隶属于国司官府国衙的地方官员，担负国司中的军事职能；镇压两次叛乱的源经基则是开创镰仓幕府的源赖朝之祖先，当时是武藏介（武藏国国衙次官）的下级贵族。正是由于这些人担任了追捕使、押领使等朝廷军事职务，才让武士来到历史舞台的中间位置。

因此，一般的历史教材是这样介绍武士的：

9世纪末至10世纪，日本各地战争迭起。地方豪族和农业大户为了维护自身利益并扩张势力，开始武装起来，令一般械斗发展成为武装斗争。为了镇压这股势力，政府将一些中下级贵族任命为押领使、追捕使。这些人中有一部分人成为在厅官人，留在地方上当官，逐渐演变为实力雄厚的武士。

后来，随着时间的推移，被任命为押领使、追捕使等朝廷官员中的中下级贵族，成为国衙中的厅官人，进而又成长为武士。从这里，我们可以看出由于担任押领使、追捕使的贵族自身具备军事实力，因此也可以称之为武士。

藤原秀乡的职位是下野掾（下野国国衙的三等官员）、平贞盛的职位是常陆掾，两者均为在厅官人。10世纪上半叶，有些在厅官人已经成为武士。而将门和纯友与他们情况相近，亦可称之为武士。

但是，仅从历史教材的表述来看，很难了解武士产生的复杂经过。因此，我将在本书第三章Q15中为大家详细讲述此过程。

我在东京大学任教多年，发现日本史的考试题目不应该只侧重考察细节知识点，还应通过让学生阅读历史概况、史料及文献，进行多方面学习和思考，进而能整体考查学生阐释历史现象的能力。

这正是"东大式的"教学的特色所在。

因此，要理解日本史，仅凭牢记年号和历史事件是远远不够的，必须掌握宏观的历史脉络才行。只有仔细阅读题干，才有可能推导出正确答案。而且，如果能提前掌握史学界的新观点则更有利于快速解题。

当然，东大的日本史课程教学方法并没有一定之规。一般来说，各位任课教师会参照自身的历史研究成果授课。传统的东大学风注重寻求对史料的准确解释，并不会拘泥于某一学说，或是强行灌输某一理念。今天，各类历史研究成果日新月异，一成不变的历史观很有可能会成为阻碍其发展的绊脚石。由此看来，不拘泥于固定的流派方能称之为"东大式的"学术研究理念。

本书会详细介绍各个问题涉及的基础知识，因此无须掌握过多的日本史知识便可轻松阅读。读罢本书之后再重读高中日本史教材，就能逐渐理解以往走马观花般的文字中到底蕴含着哪些深意。各位读者可以随意选择从何处读起，因为本书每一页都可作为开头来看。但如果能从开篇的旧石器时代读起，或许能够更清晰地了解笔者的历史观。

接下来，请大家跟随本书，一起踏上学习日本史的奇妙之旅吧！

东京大学历史学教授山本博文

2020 年 3 月

目录
CONTENTS

第一篇　原始社会、古代史

● 天皇家族的血脉改变日本历史走向！ ●

第一章　原始社会的发端　古坟时代的日本列岛

Q1　日本列岛的历史始于何时？

│历史关键点│遗址中的发现颠覆历史常识

● 岩宿遗址的发现改变历史

我们所谓的旧石器时代，相当于地质学分期中上新世晚期到更新世，即 300 万至 1 万年前，人类祖先以打制石器作为工具的时代。

在第二次世界大战结束前，人们普遍认为日本列岛上没有旧石器时代遗迹。虽然有的学者提出日本经历过旧石器时代，但马上遭到学界的强烈否定。因为如果在《古事记》和《日本书纪》记载的神话时代之前，日本还存在更为古老的人类祖先，便会与书中情节产生矛盾。

但是，昭和二十四年（1949 年），一切都变了。相泽忠洋这位自学考古的年轻人一边沿途经商，一边在日本群马县笠悬村（今属于日本群马县绿市）的山间小路边展开挖掘，结果发现了由黑曜石制成的尖状石器。也就是说，他发现了在冰河时代地层中的打制石器，证明日本存在早期人类遗迹。

笠悬村所在的关东壤土层是由更新世火山灰堆积而成的红土地层。那个时期不仅全球天气寒冷，火山活动也异常活跃。当时，日本关东地区的赤城山、榛名山、浅间山等火山相继喷发，日本列岛更被视为人类无法居住的死亡世界。

然而，这个曾经的常识已被推翻。而推翻以往常识的就是日本高中历史课本上开篇所讲的"岩宿遗址"。

3

由发掘出来的石器可知，日本列岛的历史至少始于 2.5 万年以前，也就是旧石器时代后期。之后，考古学家又相继发现了东京的茂吕遗址等旧石器时代遗存。今天，日本存在旧石器时代后期遗址的说法已成为定论。

由于相泽忠洋不是隶属于高等院校的研究人员，所以也就没能成为岩宿遗址的首位发现者。他在《岩宿的发现》一书中提到，在发现遗址后他曾被屡遭诟病。但是，最初与相泽探讨这一话题的芹泽长介（当时在明治大学攻读研究生，之后成为东北大学教授）积极致力于为相泽正名。在他的努力下，这一重大发现今天已被认定为相泽的功绩。

● **追溯日本的旧石器时代**

明确日本列岛上存在旧石器时代晚期遗址后，考古界便开始继续挖掘研究，希望获得日本存在旧石器时代中期以及前期遗址的信息。但是，即便有人提供相关线索也很难得到考古学家的认可。

直到昭和五十六年（1981 年），有位考古学家才在日本宫城县西北部的座散乱木遗址中发现了 4 万多年前的石器，事情由此发生重大转机。凭借这一发现，足以确定日本列岛上曾经存在旧石器时代中期遗迹。

之后，这位考古学家竟然相继发现了更多的旧石器时代"遗址"，这些"遗址"在日本也早广为人知。平成七年（1995 年），在日本宫城县筑馆町（今日本宫城县栗原市）的上高森遗址中，从 60 万年前的地层发掘出规则排列的石器群。平成十二年（2000年），在日本埼玉县秩父市的小鹿坂遗址中，从 50 万年前的地层发掘出原始人类遗留下的石器以及以圆形排列的洞穴痕迹。

通过这些发现，可以推测在日本列岛人类历史的第一页早在五六十万年前就开始写下。但是，五六十万年前并不是现代人的祖先——智人生存的年代，而是更早的猿人时代。如果认为猿人是从其他地方迁移到日本列岛的，显然也是行不通的。

这些遗址全部都是由 F 先生发现的，该人来自一家名为"日本东北旧石器文化研究所"的民间研究团体。抱着疑问与好奇，日本每日新闻社组织旧石器遗址采访组对位于日本宫城县筑馆町的上高森遗址展开了挖掘调查，并开始监视 F 先生的行动。随即发现，F 先生曾在平成十二年（2000 年）11 月的某个清晨时分动身，将自己带来的石器埋入土中。可见，F 先生所谓的"发现"都是假的。

结果，F 先生曾参与过的遗址发掘活动皆被认定是伪造的，一概遭到质疑和否定。至此，研究再次回到了发现岩宿遗址的节点。目前，可以认定日本列岛的历史始于 2.5 万年前的旧石器时代后期。

F 先生名叫藤村新一，是日本考古史上最著名的造假者。

这一时代区别于旧石器时代的特征在于：人们在绳文时代开始制作陶器。同时，石镞、石斧等磨制石器也在这一时期出现。

Q2 绳文时代与弥生时代的明显差异在哪里？

| 历史关键点 | "水田、武器、环濠部落"的发展改变整个时代

● 旧石器时代与绳文时代有何不同？

在绳文时代，人们用绳子在陶器上捆绑出不同的纹样，随后他们会将这些陶器用作炊具。

绳文时代从 1.2 万年前（也有说法认为是 1.3 万年前或 1.6 万年前）延续至前 4 世纪左右，持续时间长达 1 万多年。绳文时代的出现是由全球气温急剧变化引起的。大约在 1.3 万年前，最后一个

冰河期结束，全球气温回升。大约在 1 万年前，麻栎及枹栎等阔叶树种逐渐成林。

这时的人类，一般以在森林中采集果实，或依靠狩猎野鹿或野猪为生。此外，气温升高促使海平面逐渐上升，新形成的海湾中繁衍生息着丰富的鱼类、贝类。由此，人类能够从森林和海洋中获取食物，就不必再为追逐动物而奔走迁徙，继而可以将居所固定下来。

位于日本青森县的三内丸山遗址是绳文时代中期（距今约4200 年至 5900 年）的聚落遗址。平成四年（1992 年），考古学家在当地进行挖掘调查，发现了普通与大型竖穴式房屋遗址以及掘地立柱建筑遗址。日本在绳文时代便有如此大规模的聚落，而且留下长期定居生活的痕迹，实属一项重要发现。

此外，三内丸山遗址中还发掘出 100 多栋掘地立柱建筑遗址。在此之前，人们普遍认为如此大规模的掘地立柱建筑在弥生时代才会出现。在考古学上，大型建筑往往被视为举行祭祀活动的场所。可见，绳文时代的文明发展程度已远超想象。

在日本鹿儿岛县雾鹿市的上野原遗址中还发掘出绳文时代早期（约 9500 年前）的建筑遗迹。遗址中掩埋在火山灰下的竖穴式房屋多达 52 间，这些房屋甚至还留有重建的痕迹。由此可以推测，这些建筑至少有当地几代人持续生活过。可见，绳文时代早期已经出现了开始定居生活的地区。

不过，北海道开始使用磨制石器的时间比本州岛晚了 3000 年至 4000 年。虽然北海道不使用陶器，一般也被认为属于新石器时代。

● **以狩猎采集为生，还是以水稻种植为生？**

弥生时代跨越了前4世纪左右至3世纪中期左右的700多年时间。

一般我们认为，绳文时代以狩猎采集为主，而弥生时代则依靠种植水稻为主。

我们知道，水稻种植发源于中国长江中下游地区，经朝鲜半岛传到日本。但也有一种说法认为，水稻是长江流域的人们直接渡海将种子带到九州各地的。由此可见，传播途径或许不止一条。总之在2500年前，日本九州北部地区已开始在水田中培育水稻。

随着水稻种植技术传入日本，朝鲜半岛南部也开始有人迁徙到日本定居，日本称之为"渡来人"。一般来说，往往新来者会与原住民产生冲突，但我们发现遗址中没有争斗的痕迹，也就是说这些迁入者并非采用暴力手段，而是以和平的方式居住在九州北部的。在与当地居民的交流中，他们逐渐被同化。

大家知道，在漫长的历史变迁中，不同的人种会逐渐产生交集，差异逐渐减小。但是，从目前发现的遗传基因形态差异来看，"绳文人"和"弥生人"之间至少有两点区别。第一点是，弥生人与绳文人相比，面部较长，其鼻梁更为扁平，面部形态平坦，眉宇间没有明显的起伏；第二点是，弥生人成年男子的平均身高在162厘米至163厘米之间，比绳文人还要略高几厘米。

地域特征方面，面部较长的弥生人主要分布在日本九州北部到山阴地区，九州西北部及南部、关东地区则分布着与绳文人身形地貌近似的弥生人。据推测，绳文人属于南蒙古利亚人种；九州北部与山阴地区的弥生人则属于北蒙古利亚人种。

有趣的是，若干年前日本还曾流行过将现代日本人也划分为"绳文人"和"弥生人"的可笑事情。

考古学家发现水稻种植在绳文时代晚期已经出现，因此不能将水稻种植的产生作为划分绳文时代和弥生时代的依据。

古代的山阴地区只包括日本中国地区的北斜面即鸟取、岛根两县。

水稻种植传入日本，使粮食供应更为稳定，加之与渡来人的交流与交融，促使日本进入了弥生时代。绳文时代和弥生时代看似是仅依陶器的不同而被划分为两个不同时代，其实两者实质上有着巨大的差异。

弥生时代与绳文时代的最大区别，或者说弥生时代的特征可以用三个短语来概括：水田普及、武器出现、环濠聚落。

● **渡来人带来新思想**

虽然弥生时代开始之前，人们已经发明了枪和弓等多种用于狩猎动物的工具，但人们在弥生时代才创造出与人交战的武器，并促使武器实现升级。这一点已经通过考古挖掘中发现的刺有石镞的人骨得到了印证。可以说，弥生时代是人们手持武器展开部落间战争的开始。

松木武彦指出："在这一时期，日本社会出现了两大核心观念。一是人们制造出杀戮工具的行为所反映出的待人观念；二是诉诸暴力解决问题以及为防备暴力做好防守的行动观念。"

这绝不是绳文时代人类自然发展的结果。正如松木武彦在《日本的历史——列岛创世纪》中所认为的，"或许我们应该认为，这是由于积极推进经济占领和政治统治且带有支配性的文化"传播到日本所导致的。至于这种文化源于何处，我们不难推测，它应源自早在中国建立统一国家的殷商文化。

绳文人和渡来人的差异不仅体现在体格上，更体现在上述观念上，这是绳文时代社会"进化"的动力之源。此后，古坟时代在大型陵墓中吊唁一国之主的习俗，也就在这样的背景下产生的。

Q3 邪马台国位于何处？

| 历史关键点 | 卑弥呼是当今日本天皇家族的祖先吗！？

● **倭国各地纷纷向中国派遣使者**

日本在 3 世纪中期进入古坟时代。营造前方后圆坟是这一时期的最大特征。古坟的修建印证了这一时期已出现了极具实力的统治者，他们被埋葬在规模宏大的坟墓中。古坟时代持续了近 400 年，一直持续到 7 世纪初期才结束。

众所周知，日本很早就已经出现在中国的史料记载中。当时，日本被称为"倭"。在这里，倭是小的意思。

成书于 1 世纪的《汉书》记录了西汉时期的历史。据《汉书·地理志》记载，倭人社会分为 100 多个小国，西汉王朝会定期向位于今朝鲜半岛的乐浪郡派遣使者，这些使者会与倭国进行联系。

据《后汉书·东夷传》记载，57 年，倭奴国使者前往东汉都城洛阳，获得汉光武帝赐予的印绶。107 年，倭奴国王帅升等人又向汉安帝进献了 160 名生口（奴隶）。

● **邪马台国与卑弥呼登上历史舞台**

倭国第二次出现在中国的史书上，是在日本人家喻户晓的《三国志·魏志·乌丸鲜卑东夷传》中。这是《三国志·魏书》的一部分，其中有关《东夷传》倭人的部分，我们一般简称其为《魏志·倭人传》。而"倭人传"并非书目的名称。

其中提到，大约在 2 世纪末期，倭国内部发生了延续数十年的大动乱。为了平息动乱，各小国国王将一位名为卑弥呼的女子拥立为他们共同的女王。书中称卑弥呼能"事鬼道，能惑众"，也就是

由此可见，在公元 1 世纪前后，倭国已诞生由王统领的国家。虽然他们支配的疆域并不大，但具备一定实力的统治者通过向中国派遣使者，也使自身的地位得到认可和提升。

说，她是一位能够听到神灵指示的巫女。她虽已成人，却未出嫁，因此由她的弟弟辅佐卑弥呼执政。

接着，拥立卑弥呼为王的 29 个小国组成联合王国，即史书所载的邪马台国。按照日语读音，邪马台也可读作"大和"。

据称，239 年卑弥呼派出使者觐见魏王，结果获得了"亲魏倭王"的称号、金印、铜镜等。

在日本奈良县樱井市的缠向遗址群南端，考石学家发现了当时人建造的最早的巨型前方后圆坟箸墓古坟。据推测，在此处发现的陶器残片是 3 世纪中叶的人造物。最后经过放射性碳定年法检测附着在陶器上的碳化物，发现该陶器是 240 年至 260 年制造的物品。

从这一结果可以推测出，早在 3 世纪上半叶，今天日本的大和地区（奈良县）就已经出现了能够营建巨大前方后圆坟的强大统一国家。可以说，这个国家的国王就是日本大王家族的祖先，即一直延续到当今的日本天皇家族祖先。

ヤマト政权是日本天皇家族的祖先。

● **九州说与畿内说并存，大和政权究竟位于何处？**

那么，这个原始的大和政权是汉文古籍中记载的邪马台国吗？

众所周知，关于邪马台国的所在地有两种说法：一种说法认为位于日本九州岛的北部，另一种说法认为其位于本州岛近畿的大和地区。依据观点的不同，日本学者对邪马台国家的形成认识也分为了两派。

我们可以确定的一点是，当时大和地区已经产生了统一国家。如果邪马台国位于九州岛北部，那只能说九州北部有一个地区性统一国家，也就意味着大和地区可能还有其他国家政权。正因为这些不确定性，令大多数日本史教材都没有使用汉字

日本全国主要古坟分布情况

地　区	古坟名	所在县
毛野地区	稻荷山古坟	埼玉县
	吉见百穴	埼玉县
尾张、美浓地区	/	/
大和地区	椿井大塚古坟	京都府
	黑塚古坟	奈良县
	高松塚古坟	奈良县
	岩桥千塚古坟	和歌山县
吉备地区	造山古坟	冈山县
出云地区	/	/
筑紫地区	竹原古坟	福冈县
	岩户古坟	福冈县
	江田船山古坟	熊本县
日向地区	/	/

"大和政权"，而是使用日语片假名将该政权表示为"ヤマト政权"。这是因为"大和"是之后律令制国家时期才命名的国家名称。

据推测，在这种情况下，当大和政权于卑弥呼去世后，必然再次走向混乱。之后，西部的邪马台国一定会再次统一，继而向东部进攻，与本州岛的大和政权合并，形成新的大和政权。

但是，从考古实物来看，这一时期并没有出现大规模战乱的痕迹。过去，人们曾认为箸墓古坟修建于3世纪末到4世纪。今天经过更精确地测算，这一时间已修改为3世纪中叶。

我们知道，箸墓古坟中埋葬的是第7代天皇孝灵天皇的皇女，在《日本书纪》中被称为倭迹迹日百袭姬命。据称，这名女子掌握咒术，能让神明附体，甚至有说法认为她就是卑弥呼。当然，《日本书纪》的成书时间已在奈良时代，远远晚于书中记载的历史时期，无法成为准确依据。但是，至少这种传说能够表明埋藏在该处墓葬中的女性具有这种特质。

从箸墓古坟的建造时间和卑弥呼所处的时代一致，以及《三国志·魏志》中记载卑弥呼去世后，有人为她建造了巨大的陵墓等情况来看，我更支持缠向遗址是邪马台国的都城，由卑弥呼统治的国家是大和政权之源头的说法。

Q4 "倭五王"与天皇家族有哪些联系？

| 历史关键点 | 《宋书》《日本书纪》与"铁剑"解开历史之谜

● "倭五王"的真实身份　　通过阅读《三国志·魏志》的记载我们可以发现，3世纪的日本列岛上已经出现了

名为卑弥呼的统治者。之后很长一段时期内，日本都没有出现在中国的史书上，唯一能够知道的是当时出现了古坟。因此，4 世纪又被称之为"神秘的世纪"。

不过，通过对古坟的调查可以得知，截至 4 世纪中叶，与大和政权建造的古坟形态相同的古坟在日本分布广泛，从九州一直延续到日本的东北地区中部。可见，大和政权的统治和影响已延伸到日本的东北地区。都出比吕志在其论文《日本古代的国家形成论序说》中将这种统治体制命名为"前方后圆坟体制"。

据《宋书·夷蛮传》中记载，在南朝宋统治的近 60 年间，曾有"倭五王"向其进行朝贡。

书中记载，"倭五王"的名称分别为赞、珍、济、兴、武。恰好，日本史书《古事记》和《日本书纪》也记录了这一时代的情况。因此，这里就出现了"倭五王"具体对应哪位天皇的问题。

在《宋书》中记载，济和兴是父子，兴和武是兄弟，所以基本可以确定济是允恭天皇，兴是安康天皇，武是雄略天皇。赞是谁有三种说法，即他可能是应神天皇、仁德天皇或履中天皇；珍则有两种说法，即他可能是仁德天皇或反正天皇。即便无法确定两者的真实身份，也可以肯定一点，那就是这两位天皇一定是真实存在的人物。当然了，当时还没有天皇这一称号，只有倭王而已。不过，本书为便于表述方便，统称为天皇。

相信在日本，60 岁以上的人应该都比较了解仁德天皇陵（大阪府堺市）、应神天皇陵（大阪府羽曳野市）等大型古坟。其中，仁德天皇陵是日本规模最大的古坟，现在也被称为大仙古坟。规模位居第二的应神天皇陵，现在则被称为誉田御庙山古坟。两者都是在江户时代被冠以天皇的名称。今天的日本考古学界认为，这两个

在《梁书》中也有记载，"倭五王"分别为赞、弥、济、兴、武。弥即《宋书》中的珍。

陵墓并不确定真的就是天皇陵墓，所以无法从考古角度加以认证，因而开始使用地名命名。

● **雄略天皇是真实存在的人物！**

据《宋书》记载，478年，倭王武曾向宋顺帝上表称："自昔祖祢，躬擐甲胄，跋涉山川，不遑宁处。东征毛人五十五国，西服众夷六十六国，渡平海北九十五国。"

书中介绍，武自称"使持节、都督倭百济新罗任那加罗秦韩慕韩七国诸军事、安东大将军、倭国王"。也就是说，他曾远征朝鲜半岛，扩大其势力范围。

"获加多支卤大王"正是《日本书纪》中被称为"大泊濑幼武"的雄略天皇。也就是说，《宋书》和《日本书纪》以及考古挖掘中发现的铁剑上的铭文是完全一致的。

关于武的情况，日本埼玉县行田市的稻荷山古坟中出土铁剑上的铭文提供了一些重要线索。铭文中写道，该地区的豪族乎获居奉职于"获加多支卤大王"，辅助其治理天下。为做纪念，在辛亥年（471年）制作了这把铁剑。

由此可以确定，在雄略天皇当政期间，大和政权已征服了位于北关东埼玉县的豪族。所以，出土于熊本县玉名郡江田船山古坟的铁剑上才会写有"获加多支卤大王"。也就是说，雄略天皇是真实存在的人物，他的统治疆域从北关东一直延伸到九州，甚至他还曾经远征朝鲜半岛以扩张势力范围。

除了卑弥呼之外，如果在开始建造前方后圆坟的时期就已经确定了成为大王的血脉之来源，那么本书下文中所讲述的直至中世纪前期的皇位政权变动历程也将更具说服力。

Q5　继体天皇时期是否发生了王朝更迭？

|历史关键点|"大和政权的大王血脉"衔接各个王朝

● 邪马台王朝血脉的断绝

雄略天皇退位后，由他的儿子清宁天皇继位。但清宁天皇没有子嗣，而且他指定的继承人还不肯继承皇位，结果雄略家族的继承体系就此断绝。之后经历一段史料记载不详的时期后，由履中天皇的孙子显宗天皇继位。显宗天皇退位后，他的兄弟仁贤天皇继位，接着由仁贤天皇的儿子武烈天皇继位。506 年，武烈天皇驾崩，驾崩时未确定继承人。因此，"倭五王"的天皇血脉就此断绝。

据说，当时只有统治越前地区的男大迹王继承了应神天皇的血脉。因此，当时的大连① 大伴金村、物部粗鹿火和大臣巨势男人等人商议，拥立他为继体天皇。

没错，从他的谥号继体可以推测出，他是一位接续王朝统治的天皇。但我们也可以说，大和王朝在此时就被其他王朝取代了。

● 母系继承大和政权的血脉

继体天皇是应神天皇的五世孙。而且武烈天皇的姐姐（也有说法认为是妹妹）手白香皇女是当时的皇后，因此继体天皇不仅继承了应神天皇的血脉，而且还通过母系延续了上一代天皇血脉。也就是说，由于应神天皇通过母系继承了大王家的血脉，因此当时人们认为王朝并没有发生了更迭。

重要的是，由于当时各方一致同意，即便没有找到能够得到全面认可的继承人，也不会从实力雄厚的豪族中选择继承人，而是会继续令能延续大和政权大王血脉的人为王。换句话说，当时已经认

飞鸟时代始于 6 世纪末期，是依据都城所在地命名的。其实，也可说飞鸟时代就是古坟时代的末期。

---

① 日本在大化改新前与大臣同等的最高级官员。——译者注

1	神武
2	绥靖
3	安宁
4	懿德
5	孝昭
6	孝安
7	孝灵
8	孝元
9	开化
10	崇神
11	垂仁
12	景行

13 成务

日本武尊

32 崇峻　33 推古　30 敏达

31 用明

穴穗部间人皇女

厩户王（圣德太子）

山背大兄王

茅渟王

14 仲哀

神功皇后

15 应神

16 仁德

34 舒明　37 齐明　35 皇极　36 孝德

19 允恭　18 反正　17 履中

21 雄略　20 安康

38 天智

40 天武　41 持统（天武皇后）　39 弘文（大友皇子）

草璧皇子

42 文武

43 元明

清宁 22　显宗 23　仁贤 24

武烈 25

26 继体

手白香皇女

28 宣化　27 安闲　29 钦明

定，大王必须拥有延续大和政权的大王血脉。正是大王家族血脉的长期延续，促使各方就此达成一致。

据《古事记》记载，古代人都认为大王家族即天皇家族的人，均为神明之后代。既然是神明的后代，那么就必须由继承其血脉的人来当日本的天皇。当时从未有人提出要取代天皇，应该也是受到了这一观念的影响。虽然这种皇位继承方式后来在形式上发生了改变，但依然在日本社会长期延续，至今不断。

继体天皇退位后，他的儿子安闲、宣化、钦明三兄弟相继继承皇位。其中，钦明天皇的母亲是手白香皇女，同时钦明天皇也是敏达、用明、崇峻、推古四位天皇的父亲，是圣德太子（厩户王）的祖父。

第二章　飞鸟奈良时代　律令国家的形成

Q6　为什么圣德太子未能成为天皇？
| 历史关键点 | 通过不同血脉的力量对比解开历史之谜

● **圣德太子真的存在吗？**　日本进入飞鸟时代后才从考古学时代的意义上真正步入真实历史时代。在日本的历史教科书中，飞鸟时代最具代表性的人物一定就是圣德太子。

目前，日本的历史教材大多并未采用"圣德太子"这一称谓，而是将其称为"厩户王"或"厩户皇子"，再在括号中备注其为圣德太子。这又是为什么呢？

这是因为，圣德太子只是他的谥号，他的真实姓名是《日本书纪》中记载的"厩户丰聪耳皇子"。《日本书纪》成书于奈良时代，当时厩户王已将佛教带入日本，早已受到人们的尊崇。由于其具有神圣、崇高的德行，而被人们尊称为圣德太子。

圣德太子的历史功绩在于他立定"冠位十二阶"制度、制定《十七条宪法》，并与隋朝实现了外交上的对等关系。其中，冠位十二阶是日本历史上首创的以天皇为中心的官制；《十七条宪法》则相当于政府官员的工作规章。这些制度对于研究日本历史均具有十分重要的意义。

正是在飞鸟时代，圣德太子向隋朝派遣遣隋史，力求实现对等的外交往来。但是，在 600 年第一次派出的遣隋史完全没有受到重视。这可能是由于冠位等朝廷制度执行不力导致的。

第二次派出的遣隋史使团由小野妹子率领，因其向隋朝发出"日出处天子致书日没处天子，无恙乎"的国书而闻名。见倭国国王自称天子，隋炀帝勃然大怒。隋炀帝随即宣称要断绝与倭国的一切往来。但是，由于隋朝正在与高句丽进行战争，于是隋炀帝又反悔，派裴世清进行了回访。

虽然现在这些功绩均被视为圣德太子积极进取的成果，但对于这段历史的真实面貌自古就众说纷纭。

当时，日本的大权掌握在大臣苏我马子手中。而且，苏我氏是冠位的授予者，而非获得者。所以冠位十二阶制度从未被苏我氏所采纳。有人将其解释为天皇未能控制住苏我氏的势力，实则不然。如果这项制度本身就是天皇家族与其协助者苏我氏合作制定的成果，那么一切自然就顺理成章了。

冠位十二阶分别为：大德、小德、大仁、小仁、大礼、小礼、大信、小信、大义、小义、大智、小智。

圣德太子的父亲是用明天皇，母亲是穴穗部间人皇女，祖母的父系和母系亲属均为苏我稻目之女。此外，圣德太子的妻子是苏我马子的女儿刀自古郎女。可见，圣德太子和苏我氏家族关系密切。圣德太子的政权完全可以视为他与苏我马子组成的联合政权。正由于苏我氏在之后发生的乙巳之变中遭到诛杀，才使得苏我马子的功绩全都收入圣德太子囊中。

基于以上推测，史学家大山诚一在著作《圣德太子的诞生》中提出，圣德太子并非真实存在的人物。他认为，圣德太子是《日本书纪》中的虚构人物，真实存在的厩户王应该是苏我氏家族中一位实力雄厚的皇族成员，且拥有独立的宫殿和宗祠。厩户王既然没有太子的头衔，就并非皇太子，当然也无法成为摄政代理天皇执政，圣德太子的形象自然会发生极大转变。但是我认为，由于厩户王是真实存在的人物，因此就应当有一个被称为圣德太子的人物。不过，大山诚一一直强调其功绩几乎皆为凭空杜撰，厩户王时代并不存在冠位十二阶和《十七条宪法》。

● **圣德太子的仕途为何止步于"皇太子"？**

相信很多人都有一个疑问，那就是圣德太子为什么只担任过摄政，而未能成为天皇？对此，河内祥辅给出了较有力的解释。

河内祥辅在《古代政治史中的天皇制理论》一书中提出了一种观点，即当时的天皇只能先直系继承，然后才是旁系继承。其中，直系和旁系的区别就在于其生母是否为皇女。

按照这一观点推论，自继体天皇之后，安闲、宣化均为旁系，唯有钦明是直系天皇。因此，钦明和宣化的皇女石姬所生之子敏达也为直系天皇。但是，敏达天皇逝世后，便再无直系的候选继承人了。

但是，我们要注意的是，钦明与苏我稻目之女坚盐媛生了推古和用明；钦明还与同为苏我稻目之女的小姊君生了崇峻。此外，敏达与息长真手王之女广姬生了押坂彦人大兄皇子。

敏达驾崩后，皇位之争正式在各位候选继承人之间拉开。

最初由用明继位，用明去世后，由崇峻继位。河内推测，在此期间曾展开过激烈的皇位竞争，当时厩户王可能曾被选为继承人。因此，当时已经登上皇位的崇峻就成为其上位的阻碍，遂遭到谋杀。

尽管崇峻的妻子河上娘是苏我马子的女儿，很可能也由于崇峻和苏我马子性格不合而惨遭暗杀。事实上，他是由于在皇位继承斗

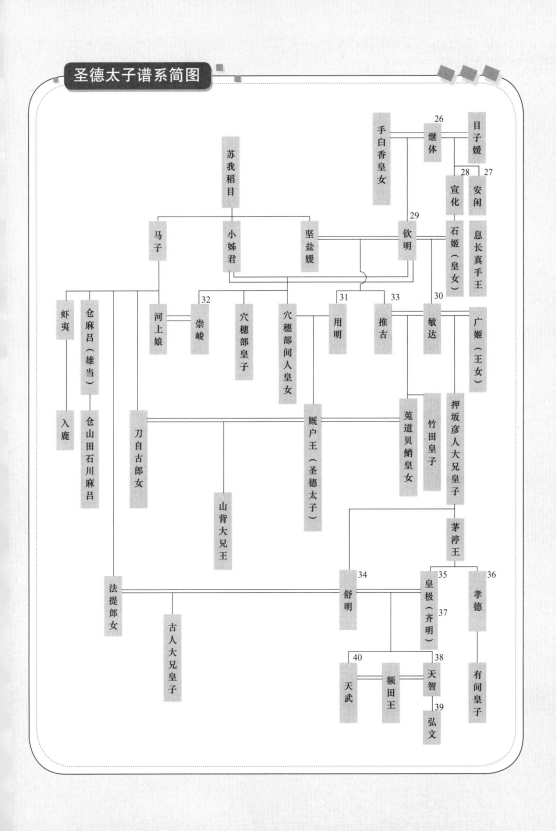

圣德太子谱系简图

所以，当时最终选择的方案是：由敏达的皇后炊屋姬继位，名为推古天皇。然后立厩户王为太子，为日后成为直系打下基础。推古天皇是在继体天皇之后继位的直系天皇钦明的女儿，也是继承直系皇位的敏达的皇后。对于她的继位，自然无人置喙。而且，厩户王在推古的麾下功绩卓著，自然而然铺就了继承皇位之路。

争中落败才惨遭暗杀的。下文中也会提到，直到奈良时代，在皇位继承斗争中落败的皇族还是会一概遭到杀害。由此可见，这种推测是有道理的。

如果厩户王曾被选为继承人，他完全可以在崇峻被杀后立即继位，但事实并非如此。河内由此推测，或许由于厩户王是旁系的用明天皇之子，大臣们才不愿拥护他继位。但仍有一点疑问，那就是如果将厩户王列入候选人的是苏我氏，同时还有押坂彦人大兄皇子这样一位有力的候选人，就不会出现群臣拥戴厩户王成为天皇的情况了。

厩户王与苏我马子共同积累了诸多政绩，逐渐具备了继承皇位的条件。遗憾的是，他在推古天皇在世时便早早离世，最终未能继承皇位。

● **圣德太子肖像之谜**

圣德太子的肖像在日本广为流传，还曾出现在日本过去的一万元纸币上。不过，学者对其肖像的真伪一直各执一词。明治十一年（1878年），法隆寺将这幅肖像画供奉给日本皇室。这幅肖像画也因此成为御用物品，交由宫内厅管理。

笔者刚刚成为东京大学史料编纂所助手时，时任所长今枝爱真先生就曾在所内的研究成果发布会上提出，装帧这幅肖像画的布面上写有川原寺三个字，由此推测这幅画可能并非圣德太子的肖像，有可能是藤原（中臣）镰足的肖像。

川原寺是圣德太子之后登上皇位的天智天皇在其母亲齐明天皇的川原宫旧址上建造的寺院，该寺院中存放有圣德太子的肖像是不合情理的。而且，肖像中的人物手持的手板是在奈良时代才从中国传入的物品。

有趣的是，目前日本历史教材中使用的圣德太子肖像上也标有"相传"二字。也就是说，教材中也认为该肖像仅为传说中的圣德太子肖像，画面上的人物可能并不是圣德太子。

Q7　苏我氏灭亡的真正原因是什么？

｜历史关键点｜从入鹿死后的历史进程看中大兄皇子的谋略

● **山背大兄王遭到谋杀**

推古天皇退位后，押坂彦人大兄皇子的儿子田村皇子继位，是为舒明天皇。当时，田村皇子与厩户王的儿子山背大兄王曾与舒明天皇展开皇位之争。山背大兄王的母亲是苏我马子的女儿刀自古郎女。而舒明天皇的妻子则是苏我马子的另一个女儿法提郎女，两人的儿子是古人大兄皇子。

当时，苏我马子已经过世，苏我家由苏我虾夷掌管。苏我虾夷和山背大兄王素来关系不合，可以想见苏我虾夷绝对会将继承人换为田村皇子。

按照这一计划，在舒明天皇退位后，将由古人大兄皇子继承皇位。但是，舒明在641年驾崩。因此当时山背大兄王也是一位强有力的皇位继承人，古人大兄皇子继位一事很难获得一致认同。最终大臣们一致决定由舒明天皇的皇后宝皇女（押坂彦人大兄皇子的孙女）继位，称为皇极天皇。

此时，苏我氏的实权已移交到苏我虾夷之子苏我入鹿手中。苏我入鹿为了确保古人大兄皇子能够顺利继位，于643年向山背大兄王发起进攻，逼其自刎。据《日本书纪》记载，在此之前苏我入鹿

一般日本历史书籍都认为苏我氏是天皇分支下的氏族，不过根据最新证据表明，他们有可能是渡来人的后代。

23

也做过其他的残暴举动，就连苏我虾夷都曾斥责他"你做出如此残暴的行为，最终必定会危及自己的生命"。

不过，《日本书纪》中的这段表述还有待商榷。很有可能是由于苏我氏之后走向了灭亡，才要将所有的罪行都推到苏我入鹿身上。不过，有一点可以肯定的是，当时有力的皇位继承人山背大兄王遭到了杀害。

也有人认为，中臣氏在苏我氏进入中央政府前，就已经是天皇面前的重臣了。

● **乙巳之变是由苏我氏暴虐横行导致的吗？**

这一时期，中大兄皇子与藤原氏的祖先中臣镰足登上历史舞台。二人不仅对苏我入鹿的专权感到十分不满，甚至还将苏我氏中的一支苏我仓山田石川麻吕拉入了自己的阵营。645 年六月，在举行朝鲜半岛三国向倭王供奉贡品的仪式时，二人斩杀了苏我入鹿。这就是日本历史上著名的"乙巳之变"。

目前，在分析事件发生原因时，会尤为重视当时国际形势的变化。当时，唐朝远征高句丽，朝鲜半岛的三国相继发生政变。有一种说法认为，在如此国际形势下，如果还将权力掌握在苏我氏手中，将无法及时应对朝鲜半岛局势的急剧变化，因此必须形成以天皇为核心的新政权才行。

不可否认，以此事件发生的背景而言，有国际形势方面的部分原因。但该事件更为直接的原因是权力之争。

中大兄皇子的父亲是舒明，母亲是皇极，完全有资格成为天皇。不过，既然掌权者苏我氏支持他同父异母的兄长古人大兄皇子，由他继承皇位的可能性立即就变得微乎其微了。他杀死苏我入鹿，让苏我氏走向灭亡，或许就是为了增加自己继承皇位的可能性。

中大兄向皇极天皇上奏时，将苏我入鹿的罪状定义为"意图夺取皇位"。但是，苏我入鹿被斩首时曾向皇极天皇求救，甚至还询问自己错在何处。即便他曾杀害天皇或皇族，那也是为了让对苏我氏有利的皇族继承皇位，很难由此推断出苏我入鹿有意篡夺皇位。显然，所谓的罪状只是中大兄为给自己的行为增添合理性之托词。

苏我入鹿被杀后，苏我虾夷也在家中自杀。自苏我稻目起，长期掌权的大臣家族苏我氏就此灭亡。

通过分析此后的历史沿革，也可以看出该事件的本质。

虽然皇极天皇表示要让位于中大兄皇子，但是中大兄皇子与镰足商议后，还是推荐了他的叔父轻皇子。

与此同时，古人大兄皇子也发现了自己的处境十分危险。经过思考后，他前往飞鸟寺剃度出家，归隐于吉野。于是，轻皇子便继承皇位，成为孝德天皇。

但是，中大兄皇子没有就此放过古人大兄皇子。不久中大兄皇子就以意图谋反为名，派兵前往吉野讨伐古人大兄皇子。而且，曾经与中大兄皇子携手合作的仓山田石川麻吕也遭到了中大兄的讨伐。

654 年，孝德天皇驾崩后，皇极天皇再次登上皇位，改称为齐明天皇。当时中大兄皇子没有继承皇位。孝德天皇的皇子有间皇子也仅仅是因为当时有力的皇位候选继承人被怀疑有意谋反，而遭受刑罚。

最终，中大兄皇子的竞争对手一一落败。可以说，始于乙巳之变的一系列事件均是由中大兄皇子一手策划。

如果中大兄皇子斩杀苏我入鹿的目的只是为了加强天皇的权力，那么拥立他的兄长古人大兄为天皇才是最合理的选择。但是他根本就没有这样做。他反而将自己的叔父拥立为天皇，以显示他根本就没有让古人大兄继承皇位的意愿。

Q8 大化改新的真实目的是什么?

| 历史关键点 | 从豪族组成的联合国家到以天皇为中心的国家

● "大化改新"的真实情况是什么样的?

乙巳之变发生后，曾经是皇太子的中大兄启动了国家体制改革，史称"大化改新"。在这次改革中，他废除了豪族的私有土地、私有民，即田庄、部曲制，实现向公地公民制的转变。

公地公民制是指收回以往由豪族、皇族支配的土地和人民，交由国家统一管理。改革中规定，要制作掌握人民和土地情况的户籍和账册，并采用向人民租赁土地的班田收授法。

但是，《日本书纪》中收录的《大化改新诏书》是在之后的《大宝令》中大量润色后的成品，很难判断其真实性。日本学术界有一种说法，即认为大化改新从未发生过。

上文提到，乙巳之变是出于中大兄皇子对权势的渴望而引发的。由此可见，他对权力的渴望源于他强烈希望建立起以天皇为中心的中央集权国家。当实力强大的苏我氏灭亡，其他豪族的权力也遭到了削弱时，便可以开展这场改革了。

目前虽无法完全掌握中大兄时代国政改革的实际情况，但必须肯定的是当时他已在致力于构建以天皇为中心的国家。

● 天智天皇为继位做足准备

663年，倭国与唐朝—新罗联合军队展开交战，史称"白江口之战"。

这场战争是百济被唐朝和新罗联军灭亡后，百济人逃到倭国要求发动的。当时，百济王子扶余丰璋身在倭国，他认为如果倭国愿意合作，百济就有可能实现复兴。

　　661 年正月，战争爆发前，齐明天皇带着中大兄皇子和他的弟弟大海人皇子从难波起航，前往筑紫。随后，齐明天皇亲自率领远征军出战。

　　当时，随行的额田王在熟田津（今日本爱媛县松山市）吟诵了一首后来被选编入《万叶集》的著名和歌："熟田津，欲行船，且待月升，月升潮涨正当时，乘舟行。"这里的额田王原本是大海人皇子的妻子，后来又成为天智天皇的妃子。

　　但不幸的是，齐明天皇在筑紫驾崩，在朝鲜白江口展开的海战中也遭遇了彻底的失败。

　　中大兄皇子在筑紫建造了名为水城的外濠和土垒，筑起倭国的最后防线，667 年其将都城迁往位于近江的大津宫。由此可见，他对唐朝和新罗心怀恐惧。最终，中大兄在翌年正月继位，史称天智天皇。

　　齐明天皇逝世后，天皇皇位一度出现空缺。自乙巳之变起，有 23 年的时间实质上一直都在由皇太子执政。也就是说，已经不再有竞争者能与中大兄皇子抗衡。

　　日本最早的户籍《庚午年籍》就是在当时诞生的。据说，日本第一部的法典《近江令》也是在这一时期诞生的。但由于《日本书纪》对此没有明确记载，因此一直有人否定这一说法。

Q9　日本古代最大的内战壬申之乱是如何发生的？

｜历史关键点｜天皇开始掌控绝对的权力

● **壬申之乱，一决雌雄**

问题出现在天智天皇继位后。

虽然天智天皇后妃众多，但皇子的母亲

均没有显赫身份。因此，他的弟弟大海人皇子就成了最有力的候选继承人，当时人称其为大皇弟。从这个称呼可以看出，他已经获得了继承皇位的身份。大海人皇子曾在辅佐中大兄皇子时，立下了汗马功劳。

但是，天智天皇进入晚年后想让来自伊贺的采女 ① 宅子娘诞下的大友皇子继承皇位。671 年，天智将大友皇子任命为太政大臣。

671 年 9 月，天智天皇卧病在床，他将大海人皇子叫到床边，向大海人皇子托付后事。但是，大海人皇子拒绝接受委任并坚决剃度出家，退隐吉野。或许是由于大海人皇子十分了解哥哥天智的政治谋略，所以立刻悟出了其中的圈套。

这年 12 月，天智天皇逝世。虽然他的执政时期很长，但去世时也才 46 岁。

翌年 6 月，大海人皇子举兵谋反。或许他已经意识到，如果不举兵，自己就有可能和古人大兄皇子遭遇同样之下场。

大海人皇子到达吉野后，经伊贺、伊势进入美浓。他最初找到的盟友是美浓国的士兵。由于已经封锁了美浓的不破关，大友皇子无法向东国发出动员令，结果就是反而令甲斐、信浓等东国士兵聚集到大海人麾下。

大友皇子发动了朝廷军的力量，但军队内部发生分裂，在最后一战濑田川之战告负，大友皇子只得于大津自杀。

这就是日本古代最大的内战——壬申之乱。

出现这样的结果，一方面是由于大海人皇子行动迅速且果断。另一方面更为显著的原因在于，身为太政大臣、原本应当延续天智

---

① 古代从郡中少领以上的家庭中选出的用于在后宫侍奉的女官。——译者注

28

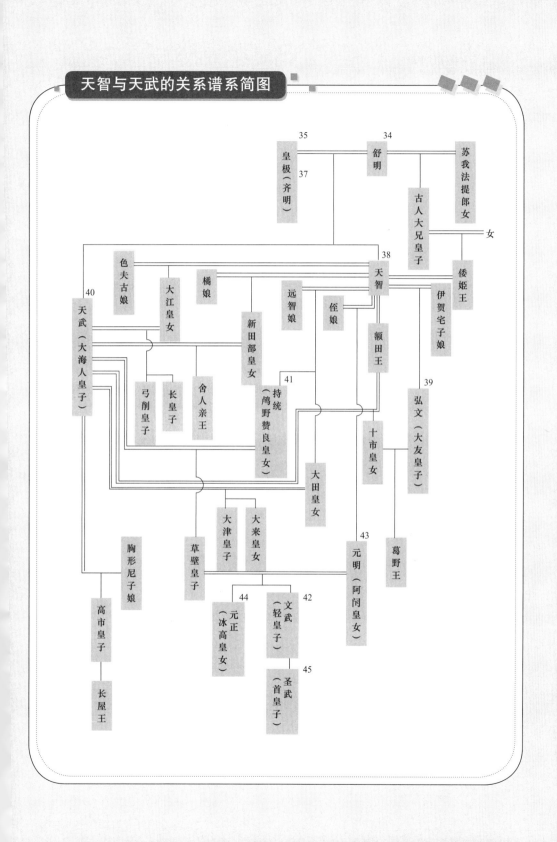

天智与天武的关系谱系简图

天皇威望的大友皇子当时还未树立起自己的威信。与之形成鲜明对比的是，大海人皇子作为继承人的地位已经在地方豪族中得到了充分认可。

此外，并没有史料显示天智逝世后，大友皇子继承了皇位。由于当时立即发生了内乱，无暇开展继位工作。但是，明治三年（1870年）曾为大友追授了谥号，名为"弘文天皇"。因此，旧版的日本历史教材将其称为弘文天皇，而现在日本教科书中仅将其称呼为大友皇子，不再标注弘文天皇。

● **天皇掌控绝对的权力**

大海人皇子在飞鸟净御原宫继位后，是为天武天皇。在这一时期，天武天皇逐渐被日本人供为神明，确立了无可撼动的皇权。前文说过，为了行文方便，我们也会将此前的天智天皇等人称为天皇，但天皇这个称号真正出现是在天武天皇执政时期。

壬申之乱后，原本跟随大友的近江豪族走向没落。天武天皇正式确立皇权，形成了中央集权体制。之后，为了推进官僚制建设，他制定了新的身份制度，即用八色姓氏划分豪族的序列。

虽然大化改新已提出实施公地公民制，但制度的推行却并非易事，因为豪族仍然占领着由其支配的平民。不过，天武天皇在中央豪族没落时，借机废止旧制度。

日本最早的货币富本钱也是在天武天皇当政时铸造的。平成十一年（1999年），在飞鸟池遗址中发掘出近300枚富本钱，这项重大发现印证了《日本书纪》中有关天武时代日本使用自制铜钱的记载。此前，人们一直认为日本最早的货币是和同开珎。此次发现推翻了先前的结论，证明日本最早的货币是富本钱。

天武天皇的孙子文武天皇当政时，日本确立了国号。

这种说法的依据是《旧唐书》，大宝二年（702 年）遣唐使航船在接受唐朝官员调查时，回答称自己是日本国的使者。

686 年 9 月，天武在飞鸟净御原宫逝世，享年 56 岁。

在此之前，唐朝官员似乎一直对倭国和日本国的关系感到疑惑。不过就在这年前后，日本的国号正式得到了唐朝的承认。

Q10 为什么会产生律令国家？

| 历史关键点 | 国家体制从"日式"走向"中式"

● 从飞鸟时代到奈良时代

天武天皇退位后，原本应当由他和皇后鸬野赞良皇女的儿子草壁皇子继位。在这一时期发生了大津皇子谋反冤案，很有可能是由鸬野赞良一手策划的，目的就是为了让继位之事做实。

但是，草壁皇子在 28 岁就不幸去世，所以未能继位。最后，鸬野赞良便继位成为持统天皇。持统是天智天皇的女儿，因创作百人一首和歌"春方姗姗去，夏又到人间，白衣无数点，晾满香具山"而闻名。

694 年，持统天皇定都藤原京，是日本首个真正意义上的都城。该都城的建设始于天武天皇时期。

697 年，持统天皇让位，草壁之子轻皇子在 15 岁继位，成为文武天皇。这也顺应了持统的意愿。持统在 5 年后的大宝二年（702 年）驾崩。

但是，文武天皇同样也是英年早逝。他在庆云四年（707 年）驾崩，年仅 25 岁。幸运的是，文武天皇膝下有一位首皇子，不过当时年仅 8 岁。为了让天武和持统的血脉在天皇血脉中延续下去，首皇子继位前就需要一位天皇起到承上启下的作用。因此，就由草

壁的皇后、文武的母亲阿闭皇女继位，成为元明天皇。

原本藤原京，应当成为永久的都城，但元明天皇发现它与唐朝都城长安的结构大不相同，因此又建立了新的都城平城京。

和铜三年（710年），元明天皇迁都平城京。在迁都平城京之后，元明天皇让位于文武天皇的姐姐冰高皇女，冰高皇女即元正天皇。这两代均为女天皇继承皇位。因此，元正天皇也在外甥首皇子继位前起到了承上启下的作用。

因为平城京即今天奈良，因此以平城京为都城的时代就称为奈良时代。天武驾崩后直至奈良时代结束，都是延续天武天皇血脉的时代。

● **律令国家要承担哪些义务**？

律令国家是指代日本国家体制的词语，该体制效仿中国的"律令"制度建立，从飞鸟时代后期一直延续到平安时代初期。律令两字中，律是指刑法，令是规定行政机构和民众义务的法律。天武当政时，制定了飞鸟净御原令，大宝元年（701年）日本终于完成了大宝律令的编制工作。

这一时期，中央行政机构包含太政官和神祇官。政治事务均在左大臣、右大臣、大纳言等太政官参加的公卿会议（阵定）上裁决。此后不久，天皇还设立了中纳言、参议等职务，大臣和大纳言均为阵定的成员。

便官（左、右）是负责与太政官、五卫府、各国政府部门沟通的业务机构，设立以后一直发挥着重要的作用。少纳言在天皇左右，同时兼任侍从。

太政官之下设有中务、式部、治部、民部、兵部、刑部、大

律令制中的官制

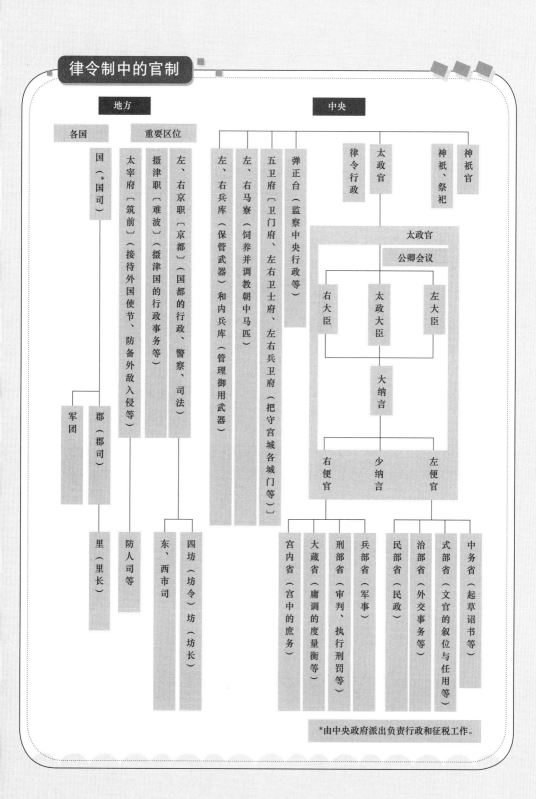

地方

各国

国（*国司）

军团

郡（郡司）

里（里长）

重要区位

太宰府［筑前］（接待外国使节、防备外敌入侵等）

摄津职［难波］（摄津国的行政事务等）

左、右京职［京都］（国都的行政、警察、司法）

防人司等

东、西市司

四坊（坊令）坊（坊长）

中央

左、右兵库（保管武器）和内兵库（管理御用武器）

左、右马寮（饲养并调教朝中马匹）

五卫府［卫门府、左右卫士府、左右兵卫府（把守宫城各城门等）］

弹正台（监察中央行政等）

律令行政

太政官

神祇、祭祀

神祇官

太政官

公卿会议

右大臣　太政大臣　左大臣

大纳言

右便官　少纳言　左便官

宫内省（宫中的庶务）

大藏省（庸调的度量衡等）

刑部省（审判、执行刑罚等）

兵部省（军事）

民部省（民政）

治部省（外交事务等）

式部省（文官的叙位与任用等）

中务省（起草诏书等）

*由中央政府派出负责行政和征税工作。

藏、宫内八省，以分担政务。各省的长官为卿、次官为辅、判官
（三等官）为丞、主典（四等官）为录。中务卿、式部卿、兵部卿
是由亲王担任的名誉职务。在这三省中，实质上的长官反而会成为
次官的辅佐。次官之下分为治部大辅、治部少辅两个层级。弹正台
的职责是管控京都的市井风俗和官员的不正之风。

　　中央设有军事组织五卫府，分别是卫门府、卫士府（左、右）、
兵卫府（左、右）。不久后，天皇又增加了近卫府，并将之前的五
卫府重组为六卫府体制，即近卫府（左、右）、卫门府（左、右）、
兵卫府（左、右）。其中级别最高的是近卫府，负责紫宸殿、清凉
殿等重要殿宇的警卫工作。此后设立的检非违使①中的各个岗位人
员均从卫门府中选出，级别位列近卫府之后。

　　另外，左右马寮负责管理宫中的马匹和马具以及位于关东的牧
（供奉马匹）。左右兵库负责管理武器。

　　京城中还设有左京职和右京职；难波设有摄津职；筑前设有太
宰府，负责管辖九州。其中，大宰府的长官为帅，是亲王担任的名
誉职务，次官是大贰和少贰。也就是说，交由第二位、第三位的公
卿担任的大贰其实才是实质上的长官。编制外的长官统帅可能会由
遭到贬职的高级别中央官员担任。

　　地方设有国，由中央派出贵族担任国司，负责政务和税收工
作。各个国的政府所在地为国府，政府办公地点为国衙。

　　民众可以根据班田收授法分得口分田，分田后便要缴纳税租庸
调与杂徭等。在这里，租是要上缴收成中的3%。庸调则是要上缴
绢、布、丝及各地的特产。而且，将这些物品运送到都城的脚夫也

---

① 日本古代官职，主要职责是维护治安、缉拿要犯、判案等。——译者注

均为普通民众。杂徭是指要按照国司的命令每年服劳役，最长期限为 60 天。此外，每三到四个成人中就要有一个人参与服兵役。

服兵役的人隶属于各地军团，要积极训练武艺。他们中根据能力高低，有人会被派往都城成为卫士，另外的则被派往九州成为防人。

律令国家的军制是通过征兵制形成的。由于每三到四个人中就有一个人要参与服兵役，可见负担很重。从另一个角度也可以说，当时日本是一个很重视军事的国家。

Q11 为什么道镜想争夺皇位？

| 历史关键点 | 圣武天皇的血脉颇受重视

● **长屋王之变早有预谋**

我们知道，奈良时代始于和铜三年（710 年）迁都平城京，终止于延历三年（784 年）迁都长冈京，仅仅延续了 74 年。但就在这短暂的 74 年里，竟然还发生长屋王之变等一系列政治斗争。世人一定会问，为什么奈良时代会如此不平静呢？

当时，人们都十分期待元正天皇的外甥首皇子能延续天武和持统的血脉。但是，由于首皇子的母亲是藤原不比等的女儿宫子，而非之前约定俗成的夫人必须为皇族后代，因此围绕着这位母亲的出身成为导致奈良时代政治斗争频发的一大原因。

神龟元年（724 年），首皇子终于继位，成为圣武天皇。圣武天皇笃信佛教，他不仅在奈良修建大佛，还在各国修建了国分寺、国分尼寺。

圣武天皇时期，政务治理主要由左大臣长屋王负责。虽然圣武天皇和光明子诞下了一名男婴，但未满一岁就不幸夭折。

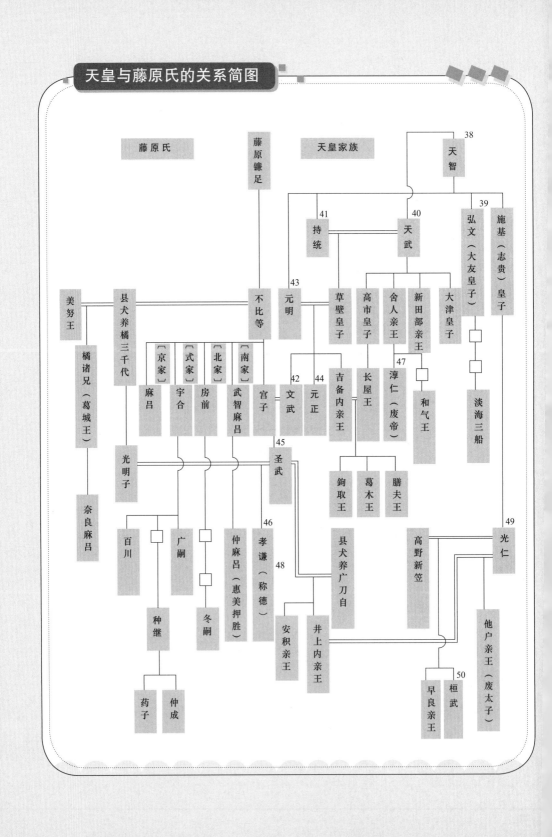

天皇与藤原氏的关系简图

或许就是在这一事件的诱使下，在神龟六年（729 年）二月初十夜晚，藤原不比等的三儿子藤原宇合以长屋王疑似意图谋反为由，指挥六卫府的士兵包围了长屋王的住所。第二天，长屋王先让妃子吉备内亲王和他们的三个孩子膳夫王、葛木王、鉤取王服毒自尽。接着，长屋王本人也服毒自尽。

长屋王长期协助圣武治理政务，他绝对不会有谋反之意。但是，由于长屋王是天武的孙子，只有他死了，才不会有人与他的子嗣争夺皇位。

事件发生后，圣武天皇将光明子封为皇后。要知道，大臣家族的女性成为皇后，尚属首例。而且，藤原家族也是大臣中唯一一位诞生过皇后的家族。

长屋王去世后，政权由藤原四兄弟藤原武智麻吕、藤原房前、藤原宇合和藤原麻吕掌控，但四兄弟竟然相继因身患天花离世。结果，由时任右大臣、出身于皇族的橘诸兄掌权。在当时的朝野之中，曾经担任遣唐使的吉备真备和玄昉也得以大显身手。

在这一时期内发生的藤原广嗣之乱是由品行顽劣、被贬为太宰少贰的宇合之子藤原广嗣发起的。他以当朝统治失败导致灾害不断为由发起叛乱，但实质上只是为了了结私怨而已。

● **政治斗争接连发生，道镜登上历史舞台**

天平十年（738 年），圣武天皇将女儿阿倍内亲王立为皇太子。阿倍在天平胜宝元年（749 年）继位，成为孝谦天皇。

当时，掌握政权的是藤原武智麻吕之子藤原仲麻吕。面对此种情境，橘诸兄之子奈良麻吕有意发动政变夺权，可惜在事发前被察觉，奈良麻吕遭到逮捕。

该事件和藤原广嗣治乱类似，也是奈良麻吕出于私欲，想要掌握政治主导权而引发的。

但正是该事件促使藤原仲麻吕的权力迅速提升。随后，藤原仲麻吕更是将天武集团的大炊王拥立为淳仁天皇。孝谦天皇则退位为太上皇。由于孝谦天皇膝下没有继承人，所以她不得不接纳淳仁继位。

后来，孝谦天皇生病时，为她诊治的僧人道镜备受孝谦宠爱，也由此导致孝谦天皇和淳仁关系不合。

孝谦天皇与僧人之间的关系，令藤原仲麻吕大做文章，借以令自己叛乱合法化。可孝谦天皇抢先一步动手，导致藤原仲麻吕战败而亡。由于仲麻吕被赐名为惠美押胜，因此这场动乱又被称为惠美押胜之乱。

与此同时，淳仁天皇也被废除皇位，流放到淡路。淳仁天皇的名号也是在明治三年（1870年）追授的，当时则被称为"淡路废帝"，对历史的影响几乎可以忽略不计。

此后，孝谦天皇再次登基，改称称德天皇。众所周知，女帝称德天皇后继无人。而且，她还接连杀害了多位拥有皇位继承权的人。如天平神护元年（765年），舍人亲王的孙子和气王因涉嫌谋反而遭到杀害；幽禁在淡路的淳仁天皇因设法逃跑而遭到杀害等。

另外，称德天皇将僧人道镜封为太政大臣禅师，后来又封为法王。鉴于此，有人上奏称，宇佐八幡宫中有神谕称，道镜未来当立为天皇。

但是，派往当地的使者和气清麻吕（当时名为辅治能清麻吕）带回的神谕是"继承皇位者必须为能延续天皇家族血脉之人"。因此，最终道镜终究未能成为天皇。

● **揭开道镜事件之谜**

由此，也引出了奈良时代最大的谜团，那就是称德天皇为什么要让道镜成为天皇？

道镜已出家为僧，即便他成为天皇也无法生育子女，更无法保住天皇血脉。既然大家都已清楚，那么道镜得到法王的名分足矣，没有必要成为天皇。

渡边晃宏在其作品《日本的历史04：平城京与木简的世纪》中推测，是因为偶然得到要将道镜立为天皇的宇佐八幡神谕，诱使称德天皇和道镜欣喜过度，才敢于冒天下之大不韪。也就是说，他们相信了最初的神谕。

河内祥辅从继承天皇血脉的角度解读了这一事件。

后继无人的道镜与女性天皇一样，都只能起到承上启下的作用。那么，下一任天皇究竟应由谁来担任呢？

我们翻开史料发现，称德天皇死后，天智天皇的孙子白壁王被拥立为帝，即光仁天皇。按照传统，这时天皇血脉已从天武家族回到了天智家族手中。但是，河内更重视的一点是，在光仁继位一个月后，井上内亲王成为皇后，又过了两个月之后光仁和井上之子他户亲王成为皇太子。

也就是说，拥立光仁天皇的真正目的不在于立他户为太子。光仁天皇本身没有继承资格，或许可以认为，由于他是井上内亲王的丈夫，才会被拥立为帝。

据史料记载，他户亲王出生于天平宝字五年（761年）。河内认为，如果这一数据确是真实的，就能解开奈良时代政治史的谜团。

首先，可以明确的是，孝谦天皇（称德天皇）为什么要选择在第二年，也就是762年，明确做出逼迫淳仁天皇退位的行为。随着

井上内亲王是圣武天皇的女儿，因此将圣武的血脉通过母系传位给他户，这才是具有决定性意义的事情。

他户的出生，圣武家族直系的男性后代随即产生。由此，淳仁天皇便成为障碍，无益于圣武家族传承皇位。加之淳仁天皇的儿子一定也会成为皇位继承的候选人之一。基于上述缘由，孝谦天皇才会赶紧逼淳仁天皇退位。

而且，孝谦天皇是在他户出生当年开始宠幸道镜的，她再次登基后则开始重用道镜。河内推测称"孝谦天皇此举是为了向佛教寻求护佑他户的力量。"虽然我们无法判断这种说法的真实性，不过孝谦天皇想将道镜拥立为天皇，再让他让位于他户的说法是很有说服力的。

事实上，孝谦天皇未能成功将道镜拥立为天皇，而且我们也可以理解孝谦天皇为何支持将光仁拥立为天皇。她的目的是为了让光仁天皇起到承接作用，之后再让位给延续父亲圣武天皇血脉的他户。

● 奈良时代政治斗争多发的原因

奈良时代是一个充满政治斗争的时代。之所以会出现这种现象，主要原因就在于日本的皇位继承体系一直处于动荡之中。

首先，长屋王之变的发生缘于长屋王意图继承圣武天皇的帝位。长屋王的妃子是内亲王，而圣武天皇的妃子光明子仅出身于藤原氏，在地位上还是略逊一筹。

藤原广嗣之乱和橘奈良麻吕之乱的发生也是由于政治动荡导致的，换句话说就是天皇血脉传承路径不明所导致的。

当时，在天皇血脉的传承上，出现了两种对立的意见。一种意见是圣武天皇的女儿孝谦天皇所谋求的延续圣武皇族的血脉；另一种意见是拥立淳仁为天皇的藤原仲麻吕所选择的拥立圣武天皇以外其他血脉的天皇。

由于孝谦天皇的延续血脉路线根本不可能实现，因此自事件之始，拥立淳仁天皇就已成定局。但是，随着他户的诞生，孝谦天皇看到了延续父亲圣武天皇血脉的希望。而这正是惠美押胜之乱、淳仁退位、企图拥立道镜为天皇等一系列事件发生的原因。

由此可见，奈良时代的政治斗争的发生并非源于政治路线的对立。正如河内所推测的，这些斗争发生的焦点在于能否延续圣武天皇的血脉。

Q12　为什么要迁都到平安京？

｜历史关键点｜天皇血脉从天武家族回归天智家族

● 桓武天皇迁都长冈京的原因

宝龟元年（770 年）光仁天皇继位，时年 62 岁。光仁天皇继位后，封井上内亲王为皇后，将他户亲王立为皇太子。没错，光仁天皇就是要表明他将通过母系传承的途径，由圣武家族延续天皇血脉。否则，便无法得到各个豪族的支持。相传，称德天皇在遗言中提到要让光仁继承皇位。可见，这种说法也并非毫无依据。

但是，光仁天皇并不想安于扮演一个承上启下的角色。

宝龟三年（772 年），光仁天皇废除了井上内亲王的皇后之位和他户亲王的皇太子之位。第二年，光仁天皇的长子山部亲王被立为皇太子。不久后，井上内亲王和他户亲王也相继遭到杀害。因此，称德天皇希望延续圣武家族天皇血脉的夙愿未能实现。与此同时，天武家族的天皇血脉也就此断绝。奈良时代是天武家族的天皇统治之时代，但是在皇位继承权的争夺中，天武天皇血脉的继承人几乎全部遭到灭绝。

光仁天皇选择的继承人是山部亲王。山部亲王的母亲是百济渡来人和乙继的女儿高野新笠。天应元年（781 年）四月，光仁天皇

由于光仁天皇的祖父是天智天皇，可以说天智家族的天皇血脉就此得以延续。

让位，山部亲王继位登基，成为桓武天皇。

桓武天皇继位后，以密谋造反的罪名流放了圣武天皇的女儿不破内亲王和她的儿子冰上川继，而他们正是圣武天皇仅存的后代。由此可见，这一时代的皇位之争是充满暴力、冷酷无情的。

新天皇的新都城首选是长冈京。因为当时长冈京毗邻宇治、葛野、木津三河交界处，水运发达，无疑是理想的建都场所。不过，特意费尽周折展开迁都的根本原因还是要远离代表天武家族统治的都城平城京。于是，桓武启动了迁都计划。

没错，天武家族统治的象征正是当时的都城平城京。

不过，延历四年（785 年）发生了一件大事，即负责营建长冈京的藤原种继遭到暗杀。随后，还发生了一系列相关事件。为此，桓武天皇同母异父的弟弟、被立为皇太子的早良亲王被捕。早良亲王遭到幽禁、断水的刑罚，最终因身体虚脱而死。

桓武天皇马上又将他和藤原良继的女儿乙牟漏生下的安殿亲王立为皇太子。从事件经过来看，早良事件恐怕是桓武天皇为了让儿子上位制造的。

● **迁都平安京**

藤原种继遭到暗杀后，桓武天皇的母亲高野新笠、当朝皇后乙牟漏等人也相继离世，安殿亲王身患疾病。祸不单行的是，同一时间长冈京也遭遇了洪灾。有人就此认为，这是早良的冤魂在作祟。

于是，桓武最终放弃了营建长冈京的计划，在葛野郡宇太村建造了新的都城平安京（今京都），并于延历十三年（794 年）迁都平安京。

此后，直至明治维新后天皇迁至东京的 1000 多年间，日本的都城一直在此处。

早良亲王

桓武 50

仲野亲王　　淳和 53　　嵯峨 52　　葛原亲王　　伊予亲王　　良岑安世　　平城（安殿亲王）51

班子女王　　恒贞亲王　　源融　　源信　　仁明 54　　高见王

文德 55

清和 56

高岳亲王

第三章　平安时代　摄关政治与院政

Q13　奈良时代与平安时代有何不同？

|历史关键点|从军事到土地开发

● 药子之
变企图再次迁
都平城京

迁都平安京好像并未带来平安，因为从桓武天皇迁都平安京后的100多年间，历经平城天皇、嵯峨天皇、淳和天皇、仁明天皇、文德天皇、清和天皇六代，都依然在延续奈良时代政治斗争频发的局面。

延历二十五年（806年），桓武天皇驾崩，安殿亲王继位登基，是为平城天皇。在他在位期间，桓武天皇的一位皇子伊予亲王被揭发谋反，亲王和她的母亲藤原吉子不得已一同服毒自杀。据称，这也是一桩冤案。

除了早良之外，平城天皇也深深受困于伊予亲王的冤魂，因此只得让位于同母异父的弟弟神野亲王。

神野继位后成为嵯峨天皇，平城天皇的皇子高岳亲王成为皇太子，平城则成为太上皇。

嵯峨天皇当政时期，也发生了政变，名为"药子之变"。

该事件发生于弘仁元年（810年），时任尚侍同时也是平城上皇情人的藤原药子（藤原种继的女儿）和她的哥哥藤原仲成意图废掉嵯峨天皇。当然，这一行动也得到了平城上皇的支持。

平城上皇自己先行让位，又意图再次坐上皇位的做法纵然令人费解，但我们至少可以确定一点，那就是藤原仲成等人想要从藤原式家族手中夺回势力。

平城上皇命令仲成修整平城京，带领藤原药子等诸多官员迁往平城京，并发出了迁都平城京的命令。不过，嵯峨抓捕并杀害当时位于平安京的仲成，让坂上田村麻吕等人拘禁了平城上皇。最后，藤原药子服毒自杀。

这件事后，平安京才终于成为安定之都。

如果当时平城上皇取得了胜利，平城京就会再次成为都城。不过，嵯峨天皇行动及时，平城上皇自然也就无计可施。这场政变显然是按照平城上皇的意愿发起的，因此近年来也有人将其称为平城上皇之变而非药子之变。

● **律令军制的废除与征税方式的变化**

在日本历史上，平安时代给人留下的总是一种雅致的印象，而"王朝文化"一词便是从平安时代演化出来的。但平安时代不是儒雅的时代，因为早在平安时代初期，日本也曾出兵征服过阿依努民族聚居的日本列岛东北地区。

桓武天皇当政初期，朝廷政府军曾和位于北上川中游胆泽地区的虾夷族长阿弖流为开战，一度遭遇惨败。不过，当征夷大将军坂上田村麻吕开始指挥战斗后，阿弖流为便很快归顺了中央政府。可见，这一时期日本天皇已然具备了开展大规模远征的实力。

这种实力是依靠此前所讲述的律令制国家强大军制逐步积累起来的。律令制国家之所以要付出庞大的成本来维持军事大国的体量，是因为当时将唐朝列入了假想敌之中。663 年，在白江口战败的经历成为难以抹去的记忆。

但是，正如延历十四年（795 年）废除防人一样，8 世纪末期，这种紧张关系也渐趋瓦解。

此外，国司们也不再训练征募来的士兵，而是改让士兵去开垦土地等，即越来越私人武装化。进而就是导致军团被废除，国家军队改为由富豪征用擅长骑射之人组成的私人武装。如田村麻吕所率领的军团就是这样的一支队伍。

我们知道，律令制国家是按照户籍和账册征税的。然而，随着废除了士兵军团制，日本天皇中央政府越来越难于掌握民众的户籍情况。如果再赶上战争或者荒年民众流浪、逃亡，那么日本的户籍情况就是一笔糊涂账。

面临种种困境，天皇命令只好放弃编制户籍和账册。由于中央政府放弃了编制户籍和账册，一部分称为田堵的农业大户逐渐成长起来。这些农户均为聚集田地、开展大规模经营的富裕阶层。

但是，国家又不得不征税用于各种开支，所以就改为了前往当地就任的国司来征税上缴中央。为了征税方便，人们便以名为征税单位，划分需要缴税的土地，并冠以纳税者的姓名。而这就是我们所说的负名。

由此，以土地为依据的征税方式解决了民众流浪、逃亡造成的难题，形成了由依靠土地营收者纳税的体制，由此形成了一种更为切合实际的征税方式。

Q14　摄关政治是如何起步的？

| 历史关键点 | 藤原北家成为少年天皇的依靠

● 藤原良房成为事实上的摄政

嵯峨天皇退位后，淳和天皇（桓武天皇和藤原旅子的皇子）继位，之后淳和天皇也退位，嵯峨天皇的儿子仁明天皇即位。仁明天皇令恒贞亲王（淳和和嵯峨天皇之女正子的皇子）成为皇太子，令嵯峨和淳和的血脉融为一体。

但是，承和九年（842年）嵯峨驾崩后，发生了承和之变。原来的皇太子恒贞亲王被废，仁明之子道康亲王竟然被立为皇太子。

该事件成为藤原北家的藤原良房掌权的契机。虽然事件本身并非出自藤原良房的阴谋，但由于其目的是为了确立仁明天皇的血脉能传承下去，令当时实力强劲的贵族伴健岑、橘逸势等人走向没落，才引发了这一结果。

通过前文《天皇与藤原氏的关系简图》可知，藤原不比等为四个儿子确立了四个家族，分别是南家、北家、式家与京家。其中，北家由藤原冬嗣统领时，曾获得了嵯峨天皇的信任，并与皇室结为姻亲。后来，发生承和之变时，正处于藤原冬嗣的儿子藤原良房持家的时期。

仁明天皇退位后，道康亲王继位，即文德天皇。他刚即位就将自己年仅1岁的惟仁亲王立为皇太子。文德天皇驾崩于天安二年（858年），年仅32岁。

其实，在父亲去世时9岁的惟仁还有一位同父异母的哥哥，时年15岁，名为惟乔亲王。如果按照之前的日本习俗，历代天皇都是在成年后继位的，所以应当选择惟乔亲王先即位，等惟仁亲王长大后，再还政给他。即便如此，藤原良房还是按照既定前任天皇的遗愿让惟仁完成了继位。这一举动，产生了日本历史上的第一位少年天皇清和天皇。出现此种现象，是由于日本的贵族社会已逐渐稳定，惟仁作为皇太子名正言顺即位，而藤原良房作为真正掌权者在背后也能为天皇撑腰。

藤原良房早在文德天皇在位时就已经成为太政大臣，因此能够代替少年天皇执政。我们现在将其称之为摄政，但是《日本三代实

录》中并没有记载表明这一时期已经有了摄政。不过，据官员名录《公卿补任》记载，藤原良房当时已成为摄政。

贞观八年（866 年），清和天皇当政期间发生了应天门被火烧毁的应天门之变，结果伴善男和纪夏井等人被判为犯人定罪。该事变发生的原因扑朔迷离，有人认为这是藤原良房的阴谋，可事实或许并非如此。不过，这一事件的结果是，伴氏和纪氏走向没落，促使藤原北家的势力得以正式确立。

● 辅佐天皇的职务"关白"出现

贞观十八年（876 年），清和天皇于 27 岁让位，令时年 9 岁的皇太子贞明亲王登基，成为阳成天皇。由于他也是一位少年天皇，藤原良房的养子、继承藤原北家的藤原基经便顺理成章地成为摄政。

但是，阳成天皇举止暴虐，在宫中殴打并杀害了乳母的孩子。于是，藤原基经要求阳成天皇让位，由仁明天皇的儿子时康亲王继位。时康亲王即光孝天皇，时年已 55 岁。

从《藤原北家与天皇的关系简图》上可以看出，从仁明天皇到阳成天皇的血脉传承路径中，光孝天皇应属于直系。因此，他非常感恩于藤原基经，命令藤原基经"万政领行，入辅朕躬，出总百官"，还表示"应奏之事，应下之事，必先咨禀"。虽然当时还没有后文提到的关白职位，但是这一现象的产生已被视为关白的发端。

● 8 岁天皇继位，摄关政治起步

此后，日本天皇按照宇多—醍醐—朱雀—村上的次序继续传承。这一时期的特点

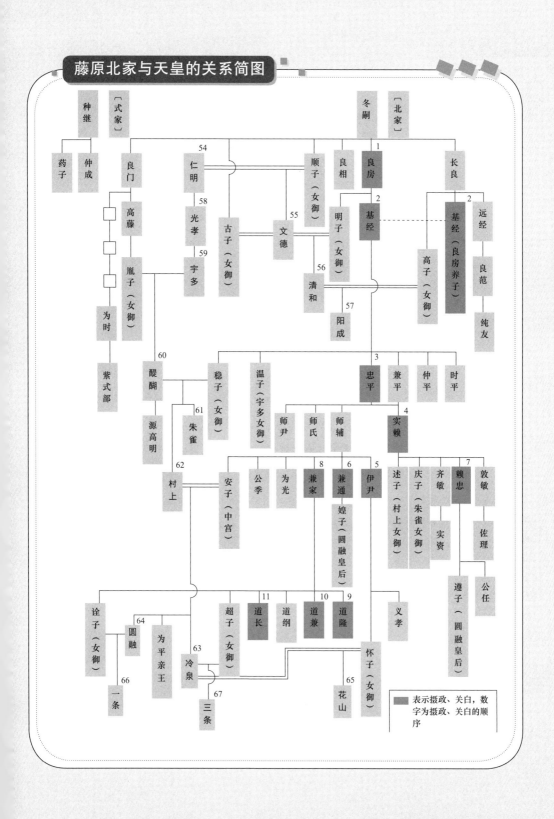

藤原北家与天皇的关系简图

表示摄政、关白，数字为摄政、关白的顺序

是由醍醐、村上两位天皇亲政，因为他们的年号为延喜、天历，因此也被称为延喜、天历之治。他们认为，藤原氏占据摄政之位，管理国家政事属于紧急状态下的特殊办法，当紧急状态结束后，国家大政就应当回到天皇手中。然而，这种以天皇为中心的历史观念，并不是一种有效的统治方法。

醍醐天皇当政时期，右大臣菅原道真因与左大臣藤原时平形成对立而被贬黜。可以说，菅原道真遭遇贬黜是醍醐天皇和藤原时平对宇多上皇重用菅原道真的反击。最终，菅原道真在流放地太宰府去世。

菅原道真去世后，接连发生了一系列异常事件。首先是藤原时平年仅 39 岁就离世，接着是皇太子保明亲王 21 岁逝世，最后是下一位皇太子（保明亲王的儿子）5 岁时便夭折。醍醐天皇不得已开始相信这是菅原道真的冤魂在展开报复。延长八年（930 年），清凉殿遭受雷击并有人死伤，令醍醐天皇彻底崩溃。此后，醍醐天皇久病不起，一段时间后猝然离世。

醍醐天皇逝世后，由 8 岁的朱雀天皇继位，藤原时平的弟弟藤原忠平（藤原基经的四子）成为朱雀天皇的摄政。此时，摄政政治正式开始。

朱雀天皇当政时期也不甚太平，发生了桓武天皇的子孙平将门的叛乱事件。

那是在天庆二年（939 年），平将门攻下了常陆、下野以及上野的国府，自称为新皇。

在这里我们必须交代一下当时所处的时代背景：当时朱雀天皇迟迟没有子嗣，皇太子之位一直处于空缺状态。可以说，地方的混乱必然会连带引发中央的混乱。当时，藤原忠平负责在中央指挥镇

藤原忠平在朱雀天皇成人后辞去摄政之位，被任命为关白。由此，形成了天皇幼年时期设摄政、天皇成年后任命关白的制度。由此，摄政政治与关白制度合称为摄关政治。

压平将门之乱和藤原纯友之乱。

朱雀天皇退位后，由他的弟弟成明亲王继位，是为村上天皇。藤原忠平死后，村上天皇在藤原实赖（左大臣）、藤原师辅（右大臣）的辅佐下主持大局，没有任命关白。

之后，村上天皇和藤原安子（师辅的女儿）的儿子宪平亲王继位，是为冷泉天皇。藤原实赖被任命为关白，不过当时的实权掌握在外戚藤原师辅手中。由此可见，当时外戚的地位比关白更为重要。

冷泉天皇被人称为暴君，因此还曾经发生过围绕冷泉继承人之争而引发的安和之变。不过，安和之变未必出自藤原氏的阴谋。与之前的历史一样，此次事变之后冷泉天皇退位，他年仅 11 岁的弟弟继位，即圆融天皇。因此，藤原实赖成为当时的摄政。

天皇幼年继位，又让藤原氏成为外戚，在这种亲密的血缘关系交融中，摄政关白逐渐演变为一个常设职务，藤原北家的诸弟子也为争夺这一位置展开了激烈的争夺。

Q15　武士是如何诞生的？

| 历史关键点 | 从中央降级到地方的中下级贵族的谋生之战

● 受领
负责管理地方
事务

平安时代，日本的地方政务由中下级贵族担任的国司负责。这一时期起，出现了"受领"这一职位。

受领是被派往任命属国的最高级别国司，他们通常也被称为守（国守）。由于在交接时要从上一任手中接收该国的财产，因此人们也称其为受领。

因此人们认为，只要定居在当前所管理的任国，并依靠武力从新任的受领处承包征税事务，就能增强在该区域的影响力。这的确是一种更为现实的选择。对于新任的受领而言，这种做法更利于征税，是何乐而不为的好事。

定居在当地的受领和他的手下们逐渐成为当地国衙的掾（三等官）和目（四等官）等在厅官人，即逐渐形成割据一方的地方势力。而这就是武士产生的经过。

受领主要负责管理任国的政务工作，同时有义务向中央政府缴纳该国的税款。为了确保能从经营"名"（即名主，是日本名田的占有者，等同于中国古代的里长）的负名手中收到税款，就需要具备武装力量。因此，他们自行武装，带领家中子女、郎党等前往任国，将当地实力雄厚的豪族担任的郡司和开发领主等用作国司办公场所国衙中的武装力量，管控地方事务。

而且，受领是中央政府任命的官员，因此在任期结束后必须返回京都。

理论上讲，离开任国的受领，可以被继续任命为受领前往下一个任国。但是由于受领候选人众多，并非所有人都能如愿。

● **走上武士之路的下级贵族的心声**

从9世纪末到10世纪，日本各地方城市的政治形势风起云涌。东国盗贼四起，反抗政府统治的势力逐渐崛起。有趣的是，这些盗贼群体就是将调庸等税款运送给中央政府的富裕阶层；而在濑户内海横行的海盗同样也是在向中央政府运送调庸的那些人。

为了应对这些强盗，中央政府加强了受领动员军事力量的权限。此外，还在各国设立了专门的职务押领使，主管追捕盗贼团伙的工作。押领使的任务是在受领的指挥下，动员该国的开发领主和武装的富裕阶层，一起镇压叛乱。

担任中央武官的下级贵族、定居在地方成为武士的下级贵族通常会被任命为押领使。押领使的目标是镇压盗贼，当获得奖赏后，他们便能在中央获得官职，成为贵族。但只有极少数人能实现这样的目标，大多数人仍然要继续担任押领使或在厅官人，继续留在当地。

以往谈到武士的起源时，我们往往会认为武士诞生于 9 世纪末到 10 世纪期间，他们为保护地方豪族和农业大户所开拓的领地而被武装起来，通过将领地变为中央贵族的庄园以实现避税。但是，在开发领主成长为武士的过程中，他们首先成为任国中的军事力量，为地方积蓄力量。这一点是不容忽视的。

当前日本的学术研究在看待武士的诞生与成长时，会更为重视武士的官方形象。这一官方形象具体表现是领主成为国衙的军事力量；担任中央武官的下级贵族和在地方定居的下级贵族被任命为押领使和追捕使（与派往西国的押领使担任同样的官职）等职务。

● **受领的**
征税机制

在后文所述的平将门之乱发生后，押领使将成长为常设职务，并成为国衙的军事力量。

平安时代中期的政府通过依靠国衙的军事力量，维持社会治安、征收赋税。换言之，那时的武士已经成长为国衙中的军事力量。

受领征税方式示意图

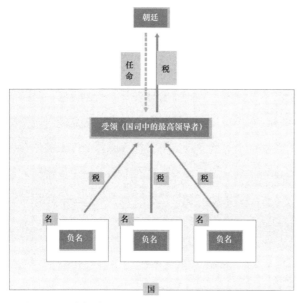

注：在日本的律令制中，国司（受领）开展政务工作的办公场所称为国衙，集中国衙等机构设施的地区称为国府，国衙的中心称为国厅（政厅）。

53

● 为什么会发生平将门之乱？

引发平将门之乱的平将门之父是桓武平氏的祖先、高望王的次子平良持。

起先，平良持定居在下总国，以镇守府将军的身份前往陆奥国胆泽城赴任。他的哥哥平国香常住在常陆国，担任在厅官人常陆大掾 [①]。

那时，从皇族降级为大臣的子孙们往往被发配到地方，定居在当地，进而成为国衙中的官员。皇族看似身份高贵，但天皇子女众多，一旦子孙被降级为臣，就彻底沦落为下级贵族。

延续桓武天皇血脉的平将门，在青年时期便成为关白藤原忠平的家臣。平将门的父亲去世后，他返回下总国，经营父亲留下的领地。承平五年（935 年）二月，平将门因为领地的问题与对立的伯父平国香、源护等人兵戎相见，接着平将门杀害了平国香和源护的子嗣，这便是平将门之乱的开始。也就是说，这场斗争只是家族内部冲突。

平将门本人没有任何官职，却拥有充足的实力率领家臣展开交战。这些实力或许正是来源于他的父亲在担任镇守府将军时期所遗留下来的。因为没有官职，平将门当时还不能称为一名武士，甚至连士兵都不是。不过从他的出身来看，他无疑是一名武士。

平将门在上野国厅继位，自称新皇。与此同时，平国香之子常陆掾平贞盛、平贞盛的叔父下野掾藤原秀乡等人被任命押领使，以镇压平将门之乱。之后，平贞盛在下野国射杀平将门，最终镇压了叛乱。平贞盛和藤原秀乡也是在厅官人，他们以此积蓄武力，也成为武士。

---

① 大掾是日本律令制四等官制的第三等，即地方法官。镰仓幕府时期开始成为一种荣誉称号，无实权。——译者注

引发藤原纯友之乱的藤原纯友，生于摄关家的支流。据推测，正是由于他的父亲藤原良范被任命为太宰少贰，激励了他在太宰府积极学习武艺。藤原纯友成为排位第六的伊予掾，后来在追捕海盗时立下战功，可没有得到太多恩赐。对朝廷失望的藤原纯友从此定居在伊予，归顺于海盗麾下。

可以看出，藤原纯友之乱的发生缘于当地武士之间的斗争，他虽立下追捕海盗的功绩，却得不到奖赏，反而更加激化了矛盾。藤原纯友最初征服了伊予、赞岐、阿波，又占领了太宰府，他与政府军展开激烈角逐，最终还是败给了总追捕使小野好古率领的源经基等人组成的政府军，被捕后遭到斩首。

发动叛乱的平将门和藤原纯友原本也是定居在地方的下级武士，被派往地方任职的押领使和追捕使也是下级贵族。可以说，武士诞生时的诸多故事向我们真实地展示了武士究竟源于何处。

● **武名是武士的一切**

如今，我们在日本各地仍旧能看到骑射比武活动，那些装扮成武士的表演者技艺高超、擅长骑马，是一群能在马背上射箭的职业骑射手。这种技能曾被视为武士家族的家业，代代传承。因此，兵之道的武士精神也被称为弓马之道的原因正在于此。

曾经，以押领使或追捕使的身份镇压叛乱，是成为武士的重要职责之一。也就是说，他们以往的目标是作为国家军事力量的组成部分，参与对战、建立功勋、获得恩赏。即便像平将门和藤原纯友一样发动叛乱，最终也在为求得中央政府恩赏而加入政府军的人们手中走向灭亡。

有些武士还会成为皇族和摄关家的家臣，在他们身边负责安保工作。之所以会将武士称为侍，就是因为他们会从事侍奉皇族和摄关家等贵族的工作。这就相当于今天的保镖，武士们虽不能获得较高的社会地位，但他们可能会因圆满完成任务，而被委以重任，成为藏人、卫门尉、检非违使等中央官员。

当时，只有长期担任此类官职，至少叙任五位才有资格成为受领。获得相应资质的武士要提交自荐书，得到批准后，就能以受领的身份前往就任地点任职。

决定受领人选的是政府公卿，因此他们要竭尽所能讨好各位公卿。前往就任地点后，还要继续积累财富，继续向推荐自己的公卿进贡物品。但是，仅靠进贡物品是绝对不够的，还要将收取到的4年税款悉数上缴，得到上缴证明后方可前往下一任职地点。

所以说，平安时代的税制是通过受领将地方财富汇集到中央的制度。

● 前九年之役与后三年之役的真相

我们知道，对武士群体的发展而言，前九年之役与后三年之役都是十分重要的战役。

前九年之役是由兼任陆奥守镇守府将军的源赖义针对陆奥国奥六郡（胆泽、江刺、和贺、稗贯、斯波、岩手）郡司的俘虏（归顺后的虾夷）领袖安倍赖时及其长子安倍贞任发动的战争。

源赖义向政府上奏了安倍赖时叛乱的情况，因此才发出了追讨安倍赖时的圣旨。诸多关东武士闻讯后，为了获得恩赏而聚集于源赖义麾下。

始于永承六年（1051 年）的前九年之役主要是源赖义讨伐安倍赖时的战事。安倍赖时死后，其长子安倍贞任大破源赖义军，令源赖义受到严重打击。

康平五年（1062 年），源赖义将出羽国仙北三郡（雄胜利、平鹿、山本）俘囚的头目清原光赖和他的弟弟清原武则拉入自己的阵营，最终战胜了安倍贞任，灭亡了安倍家族。

对源赖义而言，这是一场以获得中央政府恩赐为目的的战争。对政府而言，则是一场征服北海道虾夷人的斗争。赖义的官职是正四位下伊予守①，赖义长子义家的官职是从五位下出羽守。经历了艰苦卓绝的斗争，义家终于成为伊予守。

此时，源赖义强烈要求朝廷为与他并肩作战的关东武士们给予奖励，因此让很多人获得了恩赐。之后，源赖义被视为武家的栋梁，并获得了极高的声望。

汉字"役"原本指使役平民，后来引申为动员平民参与斗争。由于这个词并不符合实际情况，因此近些年一些教科书改称为"前九年合战"（中文通译为"前九年之役"）。

后三年之役是由陆奥守源义家讨伐前九年之役中成为陆奥国奥六郡、出羽国仙北三郡控制者的清原武则之子清原武衡和之孙清原家衡。由于这场战役被天皇定义为私下对战，胜者未能得到恩赐。

因此，曾经身为武士栋梁的源义家势力有所减弱。另一方面，与源义家交好的藤原清卫（安倍赖时的孙子）则被任命为出羽奥羽押领使，继承了清原氏遗留的产业。由藤原清衡创始的奥州藤原氏继续传承到藤原基衡、藤原秀衡手中，延续了三代繁荣。在任期间，藤原清衡维修扩建了平泉中尊寺，今天该寺已列入世界自然文化遗产名录。

①　守是日本律令四等官制的第一等，即地方（国）最高行政长官，主要由中层贵族担任。——译者注

前九年之役与后三年之役的关系图

清原光赖 — 清原武则 — 攻击 → 安倍赖时 ← 攻击 — 源赖义

为赖义提供援军　　　　　　　灭亡贞任和经清

女 — 武贞 — 女 — 藤原经清　　贞任　宗任

前九年之役

真衡　　武衡　家衡　　清衡 ← 调停、介入 — 义家

辅助清衡

后三年之役

成衡 — 源赖义之女

基衡

【奥州藤原氏】

秀衡

泰衡 ← 攻击 — 赖朝

赖朝灭亡奥州藤原氏

义朝

赖朝

? ：不详

Q16　庄园是如何诞生的？

│历史关键点│对扩大耕地与逃税的思考

● 初期庄园的成立经过

律令制国家时期，日本在土地上采用的原则是公地公民制。但是，为了扩大耕地，政府又相继颁布了三世一身法、垦田永年私财法，即允许私人开垦土地。因此，贵族、大寺社、地方豪族开始大量兼并土地，并将其占为私有。这就是早期庄园。

进入 11 世纪后，农业大户成为定居在地方的国司的子孙和开发领主，他们很多都成了武士。他们为了逃税，将自身的领地赠送给中央掌权者，自己成为预所和下司等庄官。由此，寄进地系庄园①诞生。

得到土地的掌权者会向更高级的掌权者进献土地，进献者被称为领家，得到进献土地的高级掌权者被称为本家。领家和本家中，影响力更大的人被称为本所。由于几乎所有的本家都是本所，因此也就直接称为本所、领家。

所以律令制又增加规定，要按照位阶和官职向贵族发放封户、田地、俸禄等。进入摄关政治时期之前，这种体制基本能够得以维系，但我们也不能忽视从庄园获得的收入。

在 11 世纪下半叶，公地公民原则解体，庄园在日本全国迅速崛起。虽然当时中央政府也出台了庄园整理令等，以控制这一趋势，但这一指令最终也变成了一纸空文。

由此可见，庄园是为了逃税而进献的土地，但随着庄园的增加，国衙的收入也会随之减少。

---

① 寄进地系庄园即开发领主将所开垦田地寄托给有势力的中央贵族或寺院等，以他们为庇护者，而自己则充任庄官，以维持自己对土地的实际支配权。——译者注

面对这种情况，除了贵族之外，皇族、摄关家、大寺社等为了扩充收入，开始积极接受各种进献，并扩大庄园规模。

● 交给上级贵族管理的知行国是什么？

我们知道，中央政府的财政需要依靠受领维系。之所以受领令人趋之若鹜，是因为他们在向中央缴纳税款时，能截留下大量钱财，确保富裕的生活。

但是，进入 11 世纪下半叶，受领缴纳的税收逐渐减少，令律令中规定的封户等收入无法得到保障。

藤原道长时代，摄关政治进入全盛期。当时有一种说法是"天下之地，悉数归于一家之领"，意思是藤原道长几乎拥有日本全国土地的管辖权。不过，庄园地域广阔，也并非所有的土地均已变为庄园，公领也能够通过受领维持下去。

这一时期，产生了一种名为知行国的制度。该制度让摄关家等上级贵族获得地方国的支配权，从该国的公领手中获得收益，以填补从有名无实的封户手中获得的收入。虽然上级贵族有权管控知行国，但并不意味着他们就能够获得知行国的全部收益，如一些知行国中的庄园就未纳入公领中。

成为知行国主的上级贵族会将其子弟和亲近者任命为国守，向当地派遣道代，负责知行国的管理工作。进入院政期后，又设立了由上皇（天皇在任退位辅佐幼年天皇）担任知行国国主的院分国，形成了支撑院政的经济基础。上皇是天皇家的一家之主。在此之前，天皇就是国家的代名词。可以说，在这一制度下，天皇家成为一个持有私有财产的家庭。

"知行"这个词语一直沿用到江户时代，后期逐渐演变成用来表示武士的领地。知行不同于领地，武士并没有占有领地的权利，只能从领地征收年贡。

土地制度的主要演变经过（从改新诏令到身份统治令）

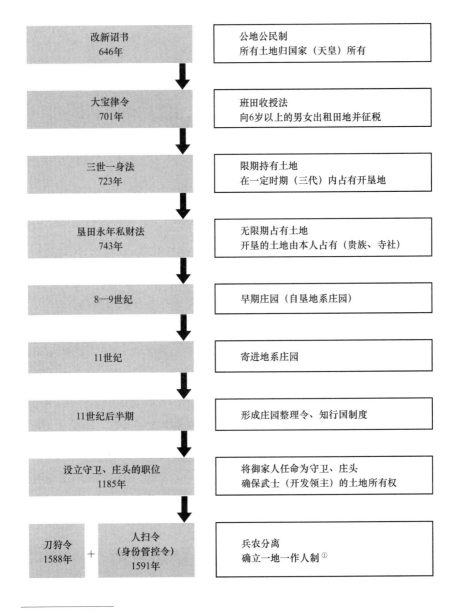

改新诏书 646年	公地公民制 所有土地归国家（天皇）所有
大宝律令 701年	班田收授法 向6岁以上的男女出租田地并征税
三世一身法 723年	限期持有土地 在一定时期（三代）内占有开垦地
垦田永年私财法 743年	无限期占有土地 开垦的土地由本人占有（贵族、寺社）
8—9世纪	早期庄园（自垦地系庄园）
11世纪	寄进地系庄园
11世纪后半期	形成庄园整理令、知行国制度
设立守卫、庄头的职位 1185年	将御家人任命为守卫、庄头 确保武士（开发领主）的土地所有权
刀狩令 1588年 ＋ 人扫令 （身份管控令） 1591年	兵农分离 确立一地一作人制①

_____

① 记录在案的每笔土地，仅限1名农民有耕作权。

这种制度在摄关政治时代之后曾被称为庄园制，今天的历史学家考虑到当时还保留了公领，便将之政为庄园公领制。但是，知行国的制度实质上是将公领变为上皇和摄关家等掌权者的私有财产。从这个层面来看，这一时代的公领和庄园具有类似的性质。

Q17 为什么藤原道长未能成为关白？

| 历史关键点 | 坐拥统领政务的地位辅佐天皇

● **藤原氏的内部斗争也在道长手中走向终结**

在藤原道长之前，摄政、关白一直由藤原北家尤其是藤原基经的儿子藤原忠平所在的集团担任。因此，师辅集团（九条流）以摄关家的身份成为公家中级别最高的名门。

但是，这种状态也并不是铁板一块。如在摄关家内部，纷争就没断过。先是藤原忠平的子孙为争夺摄政关白之位，纷争四起。最终，藤原兼家取得了胜利。此后，兼家的子孙之间仍然在不断争夺官位，直到10世纪末期藤原道长掌权才趋于稳定。

为了巩固自己，藤原道长先后让四个女儿成为中宫（皇后）和皇太子妃，也使自己在30年间稳坐掌权的第一把交椅。而藤原道长之子藤原赖通也在后一条、后朱雀、后冷泉三位天皇当政的50年间一直把持着摄政、关白之位。而且，更为神奇的是这些天皇均为藤原道长的外孙。也就是说，藤原道长和藤原赖通父子的当政岁月足足持续了80年之久。

藤原道长的长女，即一条天皇的中宫彰子有一位侍从——紫式部，紫式部正是享誉世界的日本文学作品《源氏物语》之作者。保立道久认为这部小说反映了平安时代后宫的真实情况。他推测称，彰子是书中紫上的原型，整个故事围绕彰子和她收养的藤原定子（一条天皇的皇后）遗腹子敦康亲王展开。

此外，藤原道长的哥哥藤原道隆的女儿定子手下有一位侍从，名为清少纳言，她是《枕草子》的作者。据称，后宫妃嫔众多的桐壶帝的原型是醍醐天皇，光源氏的原型则是《伊势物语》的作者在原业平。

● **藤原道长时代的朝廷**　摄关政治在藤原道长当政时期步入全盛时期，他在后一条天皇即位时成为摄政，但没有成为关白。虽然朝廷有意请他就任关白，但他始终以左大臣的身份参与政治。大津透在其著作《日本的历史 06 道长与宫廷社会》中表示，藤原道长拒绝担任关白的原因在于，他不想将一上之事拱手相让。

大津透在这里提到的一上是一种官职，简单说就是笔头上的上卿，通常由左大臣担任。但是，如果左大臣成为关白，右大臣便会成为一上，关白同时也将失去一上的职能。此外，太政大臣也不能担任一上的职位。而藤原道长的仕途止步于左大臣，负责统领公卿，管理政务。左大臣是当时的内阁太政官（由左右内大臣、大纳言、中纳言、参议构成）中统领政务的最高官员。

藤原道长时期的日本，以上卿的身份统领政务需要具备高超的政务处理能力，要做到通晓先例、准确发令，无能者难以胜任。藤原道长成为摄政时，时任右大臣的是藤原公季，内大臣是藤原显光，两者虽都是依仗家室成为的大臣，可完全没有执政的能力。因此，当藤原道长成为摄政，无法再履行一上之事的职务时，便抛弃了两人，将当天出席的大纳言任命为上卿。

天皇家与藤原氏的关系简图

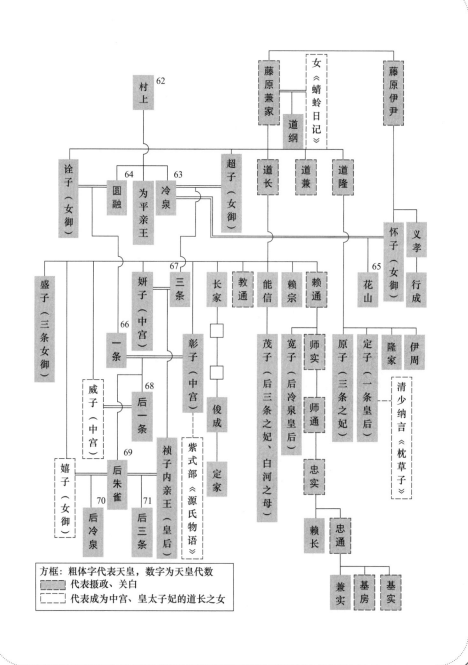

方框：粗体字代表天皇，数字为天皇代数
代表摄政、关白
代表成为中宫、皇太子妃的道长之女

据说，藤原道长同父异母的哥哥藤原道纲也非常无能。他曾恳求道长称，自己已经担任大纳言长达 20 年之久，现在很想担任大臣，哪怕只有一两个月也行。这令藤原道长十分苦恼。说起来，藤原道纲的母亲才学出众，曾著有优秀的日记作品《蜻蛉日记》，而藤原道纲本人的能力实在不敢恭维。

在大多数人眼中，摄关政治时代是藤原氏一家主政，垄断摄政、关白官职的时代，而真实情况则应当是由担任太政官的公卿们处理政务的时代。之所以会在人们心中形成藤原道长等摄关家垄断政治的印象，是由于受到以天皇为中心的历史观影响。人们认为，只有天皇亲政才是最理想的状态。

Q18　为什么会产生院政？

| 历史关键点 | 白河上皇对天皇血脉的野心

● **院政实质上是不是针对摄关政治的对抗措施？** 日本史学界经常有人会提到，后朱雀天皇与祯子内亲王生育的后三条天皇没有将摄关家视为外戚。但需要注意的一点就是，祯子内亲王可是三条天皇和道长女儿妍子生育的女儿，摄政、关白的职位即便在之后也一直由藤原氏一家独占。之所以要强调这一点，也是因为受到了以天皇为中心的历史观念的影响。

后三条天皇在延久元年（1069 年）颁布的延久庄园整理令原本必定会成为写入教科书的成功案例。庄园整理令是每当天皇发生更替时就要重新颁布的。延久庄园整理令的独特之处在于，将产生年代较新的摄关家庄园和文件记载不全的庄园统统编入了公领之中。

后三条天皇将他与东宫大夫藤原能信的养女（藤原茂子）生育的长子贞仁亲王立为皇太子。不过，此后他和他的妻子，也就是小一条院（敦明亲王）的孙女又生育了实仁亲王。为了稳定渐渐长大的两人与其背后强大的藤原家势力不至于发生宫廷内斗，最终他本人在40岁的时候让位成为太上皇，让贞仁亲王成为天皇（后称白河天皇），让实仁成为皇太弟。

白河天皇为了让自己的子孙继续继承天皇之位，在后三条上皇驾崩后并未让位于实仁。虽然实仁怀恨在心，但还没来得及做出反应就在应德二年（1085年）因身患天花离世。无后顾之忧的白河天皇随即让位于当时年仅8岁的二皇子善仁亲王，即堀河天皇。当时，白河天皇并没有立皇太子的一大原因在于，他不想将皇位交到实仁同母异父的弟弟辅仁亲王手中。也就是说，白河天皇希望通过自己成为上皇，在自己的保护下将天皇的位子传承给堀河天皇，再由堀河天皇的子孙传承下去。1096年，白河上皇出家，称白河法皇（退位后的天皇称上皇，上皇出家称法皇）。

可见，白河法皇是启动院政制度的首位法皇。院政的产生不是为了摒弃摄关政治，而是由于白河天皇希望将天皇的地位在自己子孙的手中继承下去，这也正是本书经常提到的延续天皇血脉之行为。

● **白河上皇并非体面之人**

白河上皇有句名言："贺茂川之水、双陆的赌局与山法师，天下间唯有这三件事不如我意。"我们知道，一个人之所以能如此口出狂言，往往是因为他自身存在某种缺陷。的确白河法皇的母亲出身并不高贵，造就了他致命的弱点。

但是，他仍然为后代铺就了坚实的道路，让自己的儿子成为天皇，延续了自己的天皇血脉。为了坐实这一成果，他将生于康和五年（1103 年）的堀河天皇大皇子宗仁亲王立为皇太子。

嘉承二年（1107 年）堀河天皇逝世。白河法皇让年仅 5 岁的宗仁继位，即鸟羽天皇。如果白河法皇能陪伴鸟羽成长，将他立为皇太子，或许能巩固好白河家的天皇血脉。或许是由于失算，结果并未如愿。

白河法皇在藤原（闲院流、兼家之弟公季的体系）公实的养女璋子 13 岁时，与她发生了关系。尽管如此，白河法皇仍然在璋子 17 岁时，让她进入鸟羽天皇的后宫。这种行为被当时的贵族严厉批驳。鉴于当时发生了一系列丑闻，已故作家渡边淳一还曾在小说《天上红莲》中特意描绘过白河和鸟羽、璋子的关系。

璋子进入鸟羽后宫之后，仍然与白河保持着原有的关系。据传，鸟羽的大皇子显仁亲王其实是白河法皇的儿子。

保立道久称，对于白河法皇而言，要将天皇血脉永远延续下去，就要尽快生育自己曾孙一代的统治者，也就是鸟羽天皇下一代的统治者，他与璋子之间的关系可以看作以统治者的身份做出的政治行为。可见他对白河法皇表现出了宽容的态度。这种看法确实有失公允，白河法皇的所作所为只能视作不道德的行径。

白河法皇将刚刚降生的显仁立为鸟羽的皇太子。在显仁 5 岁时，让年仅 21 岁的鸟羽退位，显仁继位成为崇德天皇。

由此一来，在天皇家族中，白河法皇的胡作非为就为鸟羽上皇与崇德天皇之间埋下了对立的种子。这也是后世保元之乱的真正导火索。

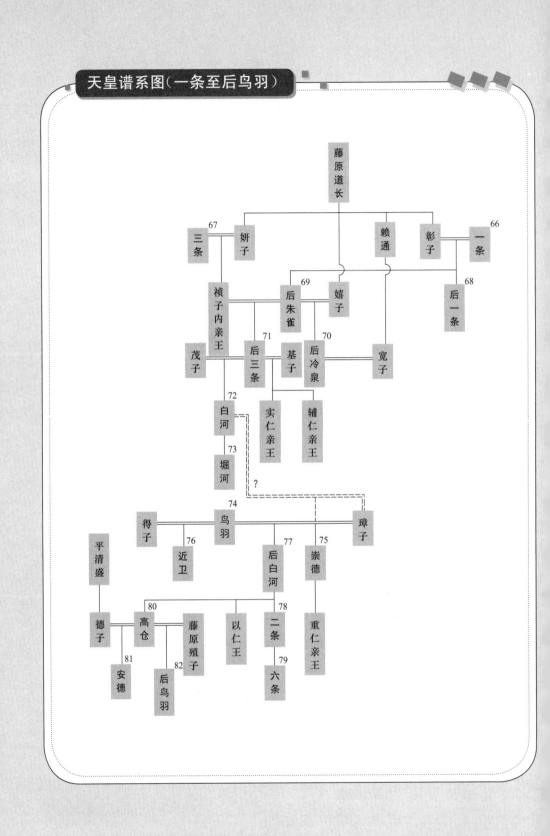

天皇谱系图（一条至后鸟羽）

Q19 为什么会发生保元、平治之乱？

| 历史关键点 | 白河上皇的负面遗产改写历史

● **围绕天皇血脉的矛盾愈演愈烈**

保元、平治之乱促使武士的实力得到充分认可，为平氏政权、镰仓幕府以及此后武家政权的产生创造了条件。为什么会发生这两场动乱？其主要原因就在于上文所讲到的白河上皇的胡作非为。

大治四年（1129 年），白河法皇驾崩，享年 77 岁。在白河法皇"垂帘听政"时期，无力发起反抗的鸟羽上皇在此时终于具备了展开院政的条件。

鸟羽上皇在他和美福门院得子生育的八儿子体仁亲王降生仅仅 8 个月后，便将其立为崇德的皇太子。两年后，鸟羽上皇强行要求崇德天皇让位，既而让体仁继位，体仁即为近卫天皇。

崇德虽然退为上皇，但是毫无实权。原本他应该是白河法皇直系的天皇，但是在鸟羽家族的天皇血脉中，就成了旁系。因此，他开始对鸟羽上皇怀有憎恨之心。

久寿二年（1155 年），年仅 17 岁的近卫天皇逝世。因为近卫天皇也没有指定皇太子，因此继承皇位的三位主要天皇候选人就在崇德之子重仁亲王、鸟羽的四子雅仁亲王、雅仁的儿子守仁亲王之间了。鸟羽上皇原本想让守仁继位，但是守仁即位便越过父辈继位，是不合规范的。因此，他退了一步选择了雅仁继位，成为后白河天皇。

如果近卫天皇膝下有子嗣，后白河原本就只能以亲王的身份度过一生。这些原本并非直系的天皇，一直活跃在历史舞台的中央。或许正因为心怀不满才会产生对权力的渴望，对权力的渴望正是推动历史车轮滚滚向前的内在力量。

● **保元之乱与平治之乱的爆发**

保元元年（1156 年）七月二日，鸟羽上皇驾崩，享年 54 岁。随后，崇德上皇指挥源为义、源为朝父子等武士，占领了后白河天皇的御所白河殿。

河内祥辅在《保元之乱、平治之乱》一书中推测称，这项行动是后白河天皇继承者自作主张的行为。

另外，摄关家的藤原忠实和左大臣藤原赖长父子也是这场行动的追随者。原因是，藤原赖长与哥哥关白藤原忠通之间产生了罅隙，他希望通过追随崇德上皇以提升自身的地位。

后白河天皇身后有关白藤原忠通、近臣信西（藤原通宪）追随。可见，上皇与天皇的对立也引发了关白家的内部纷争。

在后白河天皇的指挥下，平清盛、源义朝等武士攻陷了崇德上皇等人据守的白河殿，轻松取胜。或许，崇德上皇当时认为自己身为上皇能够发起行动，自然能得到所有人的支持，根本没想过自己会众叛亲离。

从这个层面来看，这场动乱绝对不足以称之为保元之乱。但是，从政治意义而言，这场动乱的规模又远大于其他动乱。

事后，崇德上皇被流放至赞岐，藤原赖长因在战争中受伤而丧命，终身被幽禁在知足院。虽然对贵族的处罚并不算严重，但也因此导致摄关家权威扫地。另一方面，源为义等武士也大多因与天皇刀剑相向而被处以刑罚。

大权在握之后，后白河天皇让位于守仁亲王，守仁亲王成为二条天皇。

发生于平治元年（1159 年）的平治之乱则发端于后白河上皇的近臣信西与藤原信赖之间的对立。一开始，藤原信赖与源义朝联

保元之乱与平治之乱关系图

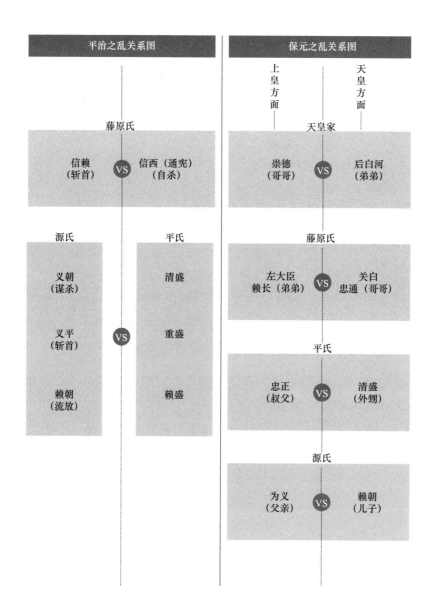

平治之乱关系图

藤原氏

信赖（斩首） VS 信西（通宪）（自杀）

源氏 | 平氏

义朝（谋杀）
义平（斩首）
赖朝（流放）

VS

清盛
重盛
赖盛

保元之乱关系图

上皇方面 —— 天皇方面

天皇家

崇德（哥哥） VS 后白河（弟弟）

藤原氏

左大臣赖长（弟弟） VS 关白忠通（哥哥）

平氏

忠正（叔父） VS 清盛（外甥）

源氏

为义（父亲） VS 赖朝（儿子）

手举兵，迫使信西自杀。不久之后，平清盛又对藤原信赖和源义朝发起进攻，歼灭了藤原信赖和源义朝。这场斗争实质上就是后白河上皇和二条天皇的对立之反映。

● **平清盛
升任高位高官**

天皇家与摄关家内部的对立最终是通过武士之间的战争得以平息的。此时，武士的实力已变得不可小觑。尤其是在平治之乱取胜后，平清盛的地位迅速攀升，他本人升任太政大臣，平氏家族也随之升任高位。

不久，平清盛的女儿德子成为高仓天皇的女御，第二年又被立为中宫。后来，德子诞下的男孩继位，是为安德天皇。

这时候，平氏政权在坐拥朝廷高位高官的同时，还成为天皇的外戚。其经济基础源于遍布全国的庄园和知行国，规模之大堪与摄关家相媲美。

与摄关家不同，平家的贵族色彩较为强烈，武家政权的形象反而不强，因此并未得到武士们的高度认可。不过，也有一种说法认为，正是平家政权的这种贵族与武家兼有的形象为后来的镰仓幕府之形象塑造做了铺垫。

平氏政权与以往公家政权的不同之处，在于平氏积极致力于发展与宋朝的贸易往来。由于平氏占据了濑户内海这一优越的地理位置，促使他们将目光投向海外。除了瓷器、药品、香料、书籍之外，还是大量宋钱流入日本。因为这一原因，当时日本已不用再铸造货币，直接使用宋钱成为时尚，对日本经济产生了重要影响。

由此可见，无论是院政的产生、武士的崛起，还是平氏政权的形成都与以往的动乱、政变一样，均是围绕天皇血脉的矛盾对立所促成的结果。这样的时代特征在此后的历史中，还会延续下去。

第二篇　中世史

为什么日本会进入武士的时代？

第四章　镰仓时代　从天皇到武家政权

Q20　镰仓幕府究竟成立于何时？

| 历史关键点 | 从天皇国家到武家国家的转变

● 何谓幕府？

日本历史知识口诀里常用"好国家"（日语发音为イイクニ，即数字1192）的发音将镰仓幕府的建立时间确定为1192年。不过，在我还是个学生的时候，日本学界就已有人认定该说法是错误的。对此，平成二十五年（2013年）版东京高中历史教材《新选日本史B》曾用专栏的形式列举了有关镰仓幕府成立时间的6种说法，一时反响热烈。当时，《读卖新闻》还刊登了题为"镰仓幕府并非成立于1192年"的报道，可见这一事件的关注度之高。

由此可见，普通民众几乎不太了解有关镰仓幕府成立的各种说法。

但有一点可以肯定，建久三年（1192年）是源赖朝成为征夷大将军的年份。由于此后的足利氏和德川氏都是在这个官位上开创幕府的，所以过去都将这个年份定义为镰仓幕府成立的年份。

而"幕府"一词是指用帷幕围起的大将军的大本营。之后，又引申有武家政权的意思。

另外，幕府还是近卫大将的"唐名"。唐名是指官职的中国式名称。例如，中纳言的唐名是黄门。鉴于这一原因，有一种说法便认为建久元年（1190年）源赖朝成为右近卫大将的年份即幕府建立的时间。由于近卫大将是律令制国家中级别最高的武官，所以将幕府视为分管朝廷军事职能的组织的说法确实有一定的根据。

与这种重视朝廷官职的看法不同，还有人从源赖朝所掌握的权限出发，提出了新的说法，即"寿永二年（1183 年）说"和"文治元年（1185 年）说"。

其中，1183 年是源赖朝收到十月圣旨，获得东国国衙在厅支配权的年份；1185 年是源赖朝获准在全国设立守卫、庄头的年份。

此外，还有人更注重武家政权的组织机构，提出了"治承四年（1180 年）说"和"元历元年（1184 年）说"。

1180 年是赖朝在镰仓建造住所的年份，即在南关东确立军事政权；1184 年则是设立公文所和问注所作为幕府机构的年份。

如果将幕府比作从朝廷中独立出来的武家政权的话，那么 1180 年就是镰仓幕府建立最合适的时间。但是，如果要将武家政权成为全国政权视为幕府成立的条件，将在全国设立守卫、庄头的 1185 年视为镰仓幕府的成立年份则更为合理。

● **哪种说法更可信？**

我认为，在众多说法中"1180 年说"与"1185 年说"更为可信。

源赖朝之所以会选择在 1185 年设立守卫、庄头，其实是为了寻找源义经、源行家。经后白河法皇准许设立总追捕使和庄头，并不意味着源赖朝获得了永久的权力。但是，总追捕使在之后演变为守护，庄头在整个镰仓时代也都发挥了重要作用。因此，设立两者其实意义重大。

可以说，直至镰仓幕府建立之前，日本都是天皇统治的国家，之后才是将军统治的国家。不过，如果从这个层面来看，将幕府视为国家军事机构的"1190 年说"和"1192 年说"也并非完全不可取。

从宏观角度审视历史脉络可以发现，建立于 1180 年的南关东军事政权从朝廷获得了诸多权力；而后来 1192 年源赖朝被朝廷任命为右近卫大将和征夷大将军等掌管国家军事大权的职务，才确立

镰仓幕府成立的经过

	五月	源赖政、以仁王等人举兵，战败而亡
1180 年	八月	赖朝举兵，在石桥山合战中战败
	十月	赖朝入主镰仓，在富士川合战中战胜平氏
	十一月	赖朝设立侍所（在此之前已掌控南关东一带）
1181 年	闰二月	平清盛逝世
1183 年	五月	木曾义仲在俱利伽罗峠合战中战胜平氏
	十月	赖朝得到圣旨，获得东国的支配权
1184 年	十月	赖朝设立公文所、问注所
1185 年	三月	义经在坛之浦合战中获胜，平氏灭亡
1189 年	十一月	赖朝获得在全国设立守卫、庄头的权利
	闰四月	义经在衣川馆遭藤原泰衡袭击，义经自尽
1190 年	十一月	赖朝叙任右近卫大将、权大纳言
1192 年	三月	后白河法皇逝世
	七月	赖朝成为征夷大将军
1199 年	正月	赖朝病世

了其职位。而这些大事皆不必在一年之内就做出决断。

但是，从历史学习的角度来看，将一个固定的年份作为标准记忆显然更为有效。因此，形成统一的见解更为妥当。但是，目前尚未就镰仓幕府的成立时间达成一致，日本初高中的历史教材仍维持"1192 年说"未做改动。

Q21　为什么源氏将军仅延续了三代？

| 历史关键点 | 北条氏与其他豪族的斗争

● **源赖朝**
直系将军断绝

建久十年（1199 年）正月，源赖朝突然病逝。之后，由他的长子源赖家继承家业。当时的源赖家年仅 18 岁，但官职已是左中将，3 年后成为征夷大将军。

源赖家性格独断，因此一当上征夷大将军便与他母亲北条政子的父亲，也就是他的外祖父北条时政之间完全对立。建仁三年（1203 年），他的岳父比企能员及其一族和他的儿子源一幡被杀，源赖家被送往位于伊豆的修禅寺。第二年，源赖家在修禅寺被杀。

据镰仓幕府正史《吾妻鉴》记载，源赖家喜爱狩猎和蹴鞠，优待侍从，无视御家人的既得权力。面对此种行径，希望维护御家人既得权力的北条时政曾有意排挤源赖家。

虽然北条时政将源赖家送到修禅寺的行为是可以理解的，但是他杀害自己亲生外孙的行为就很难以理解了。或许是他意识到，如果让源赖家活下去，必定会为未来埋下祸根。由此可见，这一时期的武士是何等残暴。虽然我们很难想象北条政子会参与杀害源赖家的行动，但就结果而言，她还是站在北条时政一方，默认了这场行动。此外，修禅寺中的大日如来像是北条政子为了悼念源赖家的菩提而捐赠的。

镰仓幕府的第三代大将军是源赖家的弟弟源实朝。建保七年（1219 年）正月，源实朝在鹤岗八幡宫遭到源赖家的儿子源公晓讨伐而死。虽然源公晓马上自立为将军，但其臣属三浦义村倒戈到了北条氏。不久，源公晓便被三浦义村的部将长尾定景所杀。由此，源赖朝的血脉仅在第三代就断绝了。

● 摄家将军与亲王将军

源氏血脉断绝，幕府遂向朝廷提出，希望让后鸟羽上皇的皇子入主幕府。但是遭到了后鸟羽上皇的拒绝。因为他认为如果将皇子送到镰仓，势必让日本走向分裂。

因此，幕府又改将九条道家之子三寅（后来的九条赖经）送到了镰仓。三寅当时才 2 岁。虽然是摄家将军，但他继承了源赖朝妹妹的血脉，可以说他是镰仓之主的最合适人选。

宽元二年（1244 年），26 岁的九条赖经将将军之位让给了年仅 6 岁的儿子九条赖嗣。由于九条赖经延续了源赖朝的血脉，竟然把反对北条氏的实力雄厚的御家人都聚集在了他的周围，北条时赖发现了其中暗藏的危机。因此，北条时赖先发制人拘禁了当时身在镰仓的九条赖经，将其送回京都。当时掌权的是政所别当（长官）中的一人，由于他掌握着政治实权，由此转变为由北条氏世袭。

不久，九条赖嗣在建长四年（1252 年）也被送回了京都。在九条赖嗣被送回京都之前，发生了宝治合战。当时，三浦义村之子三浦泰村反对北条时赖，北条时赖便于宝治元年 (1247 年) 下令剿灭三浦氏。在与北条氏交战时三浦泰村战死，其手下的 500 多人自杀。

之后，后嵯峨上皇的大皇子宗尊亲王成为下一任将军。此后的四代将军也均为皇族将军。

即便将军均出自皇族，他们仍然是集结反北条氏力量的核心。如宗尊亲王在文永三年（1266 年）被北条氏罗识罪名，而被革去

或许到了这一时刻，北条氏仍然在警惕集结反北条氏势力的核心人物九条赖嗣。

了将军的职务。但是，要维护幕府的组织机构，让幕府正常运转，就必须要有人担任将军。由此，宗尊亲王3岁的嫡子惟康亲王又成了新的征夷大将军。

在镰仓时代，先是北条时政杀害了外孙源赖家，之后北条氏又频繁肃清实力雄厚的御家人，完全没有表现出对幕府创立者源赖朝血脉的尊重。可见，诸幕府家族虽然同为武家政权，但与保持稳定主仆关系的江户幕府时代是截然不同的。

Q22 什么是"庄园公领制"？

|历史关键点|通过任命庄头确保收入

● **庄头真正的作用是什么？**

前面说过，庄园数量在院政时期出现了飞跃性的增长，成为镰仓时代土地制度中的基本要素。但是，当时并非全国的土地都已成为庄园，还有由国司治理的国衙领。这些土地被称为公领。庄园与公领共同组成了庄园公领制。其实，公领也近乎知行国国主的私有财产，与庄园性质相似。

设立于文治元年（1185年）的庄头就位于各国的庄园和公领中。"庄头"一词原本是"当地"的意思。

当时能成为庄头的都是与镰仓殿（将军）建立起主仆关系的武士，也就是御家人。此前负责管理庄园下司等庄官也是由源赖朝任命的庄头。不过，设立庄头的范围仅限于东国，范围并未波及全国。

镰仓幕府时代，知行国主瓜分了全国领地，并在此基础上任命了国司。国司通过在厅官人开展普通的政务工作来征收年贡。知行国主除了包括院、摄关家之外，还有源赖朝。源赖朝在日本关东地区拥有 9 个知行国，为当时之最。另外，还有不少贵族、大寺社的庄园，本家、领家作为庄园领主，在当地设立预所，以统领庄园。

庄头设在这些公领、庄园之中，在庄园、公领中履行警察和税务官员的职责，相应的武士可以合法获得以往国司、庄园领主征收的部分年贡。也就是说，庄头不是土地的领主，只是负责维护其任职的庄园、公领的治安，能够获得一定的年贡和税款。

朝廷、幕府、庄园领主、庄头的体制

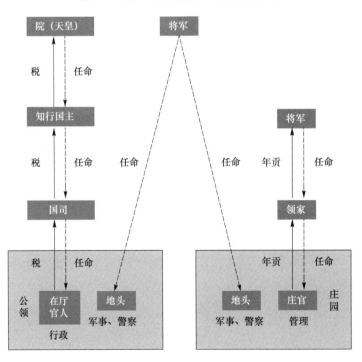

● 庄头是
庄园、公领的
守护者

承久三年（1221 年），后鸟羽上皇趁第三代将军源实朝被杀之机，下令追讨执权的北条义时，这一事件史称"承久之乱"。令人意外的是，当时很少有武士愿意追随后鸟羽上皇。为数不多的追随者最终也被前往京都的三浦义时之子三浦泰时、三浦义时之弟三浦时房等人的部队打败了。后鸟羽等三位上皇被流放，幕府重新将后鸟羽上皇的哥哥守贞亲王之子茂仁亲王拥立为天皇，史称后堀河天皇。

承久之乱发生后，幕府没收了上皇麾下贵族和武士所占有的 3000 多处土地，又将当时立下战功的御家人任命为庄头。由此，幕府的控制范围终于延伸到了畿内、西国的庄园及公领。日本战国时代，负责掌管各地区领土的国侍大多是这一时期从日本关东地区迁移过去的御家人后裔。

据记载，此后庄头开始逐渐侵蚀庄园、公领，庄头请（承担庄园、公领的经营工作，征收并缴纳一定额度的年贡、税款）和下地中分（将庄园、公领一分为二，将其中一方视为庄头的领地）逐渐获得了这些区域的支配权。

从知行国主和庄园领主的角度来看，原本属于他们的权益正在逐渐被庄头剥夺。

但是，原本武装力量就不够强大的院及摄关家等知行国主、寺社、贵族等庄园领主，甚至都难以正常缴纳税款和年贡。也有一种看法认为，正是得益于庄头的出现，他们才能够在不承担武装成本的前提下，获得一定额度的收入。

与此同时，他们也不得不按照庄头的要求做出让步。虽然收入会逐渐减少，但在整个镰仓幕府时代，庄头都处于幕府的领导之下，幕府同时也是朝廷的守护者。因此，幕府才会目无法纪、肆无忌惮地贪污年贡和税款。

由此可见，镰仓幕府时代，庄头并没有成为庄园、公领唯一的支配者。可是自院政期以来，日本一直延续着这种扭曲的土地制度。

Q23　元日战争时期是否真的出现过神风？

| 历史关键点 | 秋强风、夏台风

● **仅仅持续了一天的文永之役**　13 世纪初期，蒙古人势力迅速兴起，继而建立起了跨越亚欧大陆的庞大帝国。当时，女真族在中国的华北地区建立起金政权。1234 年，蒙古灭金，将其并入了蒙古人的版图。随后，蒙哥汗继续向南宋政权发起进攻，然而战事并不顺利，蒙哥病死于沙场。之后，忽必烈返回北京，成为第五代大汗。忽必烈为了征服高丽，对南宋形成包围圈，开始转而进攻日本。

当时，忽必烈要求日本进行朝贡，遭到了时任执权的北条时宗之拒绝。忽必烈便以此为由，命令高丽造船，决定远征日本。仅仅 3 个月，就造出了 900 艘兵船。

文永十一年（1274 年）十月五日，蒙古军进攻对马，全歼日本军队。博多接到蒙古军来袭的消息后，派武藤资能、武藤景资为大将坚守防线，肥后国的菊池武房等大量九州的御家人也集结在博多。随后，相模国的大友赖泰率带领手下也进入了博多。

十月十九日，承载着蒙古军的 900 艘兵船驶向通往博多的海域。第二天清晨，蒙古军在筥崎宫附近登陆，与日本军队展开激战。蒙古军使用的火绳枪发出轰鸣，令日本军队的战马受到惊吓。武士接连落马，被蒙古兵包围后纷纷丧命。此外，蒙古军还使用了毒箭，轻微的箭伤就足以致命。

日本军队苦于战术失误，损伤惨重。不过，混战中武藤景资射出的箭碰巧射中了蒙古军将领左副元帅刘复亨，使蒙古军在日落时分扬帆撤退。如果第二天蒙古军再次登陆，御家人或许早已溃不成军。但第二天清晨，日本军向海上眺望时发现，蒙古军的兵船突然消失得无影无踪。

农历十月二十日即公历的 11 月 19 日，在日本早已不是台风频繁登陆的季节。因此，有人认为蒙古军只是来侦查日本军队的实力，第二天是自行返回的。

不过，当时有沉船漂到了志贺岛上，完全可以表明当时确实刮起过强风。《元史》中也记载，前一天晚上，博多海上强风呼啸，蒙古军的许多兵船遇难，多人丧生。

即便蒙古军当时只是为了侦查，由于其占据了绝对性优势，如果在当天夜晚毫发未损，必定会择日发起进攻。由此可以推断，当晚的强风确实给蒙古军造成了巨大损失。蒙古军当时乘坐的是高丽仅用 3 个月时间建造的兵船。也可能是由于工期紧迫，制作程序存在疏漏，导致船体存在缺陷。

就这样，文永之役的主要战斗在仅仅一天就结束了。

番役，指在镰仓幕府统治时期后期，幕府向九州的御家人征用的军役。

● 在弘安之役中守住防线

虽然战争仅仅持续了一天，但是与蒙古军对战的经历让幕府深感危机深重。幕府切身感知到蒙古军的强大之处。为了守住九州北部要地，幕府开始加强异国警固番役的力量。为了应对可能会发生的战争，阻止蒙古军登陆，幕府还动员九州的御家人在博多湾沿岸建造石墙。

同时，蒙古在灭亡南宋后，于弘安三年（1280 年）再次制定了进攻日本的计划。这一次的进攻部队由两部分组成。一部分是蒙古和高丽军队组成的东路军，另一部分是主要由投降后的南宋军队组成的江南军。部队声势浩大，东路军拥有900艘兵船、4万兵力，江南军拥有3500艘兵船、10万兵力。

第二年，也就是弘安四年（1281年）的五月二十一日，东路军在对马登陆，六月六日进攻博多湾。由于博多湾沿岸建造起石墙，他们无法登陆，只能滞留在船上。日本军队在夜间乘船袭击了蒙古军。这次出击取得了一定的战果。

而蒙古人带来的江南军出击迟缓，两军在七月上旬才最终会合。

七月二十七日，江南军意图在鹰岛登陆，碰上了松浦党带领的军队，这些日本军拼死抵抗，击退了江南军的攻势。

蒙古军无奈退回海上后，用锁链连接各艘兵船，准备相互合作，在夜间偷袭日本军队。

七月三十日夜晚是决定命运的一夜，暴风席卷了九州。我们这里所说的农历七月三十日是公历的8月15日，而这次刮起的是真正的台风。

在台风中，蒙古军中东路军和江南军的兵船几乎悉数沉没，用锁链连接则导致损失进一步扩大。

闰七月五日，大风平息，日本军队派出数百艘兵船，横扫了还在小岛和礁石上躲避的蒙古士兵。最终，蒙古兵几乎遭遇全歼或被俘。

中纳言勘解由小路兼仲在他的日记《勘仲记》中写道，"此事可谓有神灵护佑"。或许当时能够击败强大的蒙古军，真的是有神明相助。此后，战争胜利的事迹与神风传说一同流传至今。

弘安之役中曾经出现过台风是无可辩驳的史实。但是，能够实现如此大规模的胜利，也源于幕府采取了修筑石墙等一系列应对措施，以及御家人们勇于在夜间向海上的蒙古兵船出击的行动。或许我们也可以认为，是御家人们的充分准备和努力付出才使台风成为神风。

Q24　为什么镰仓幕府会走向灭亡？

|历史关键点|御家人群体对体制的不满

● **北条氏得宗的专治统治**

在日本学术界，有很多人指出镰仓幕府倒台的原因主要有以下三点。

首先，御家人在迎战蒙古军的袭击中做出了巨大的牺牲，却没有得到应得的奖赏，所以对幕府失去了信心。

其次，御家人在反复的分割继承财产的过程中对领地进行了细分，结果越来越入不敷出，逐渐陷入贫困。

最后，在畿内及其周边地区，新兴武士被冠以"恶党"之名，开始抵抗庄园领主。为了镇压这些动荡局势，北条氏得宗家开始加强专制统治，逐渐招致了御家人的不满。

其中，当时被称为得宗专制的政治环境尤为受到重视。

北条高时任职期间，得宗家手下地位最高的内管领长崎高资权势炙手可热。这招致了御家人的反对，进而引发了倒幕运动。

虽然镰仓幕府倒台的背后确实存在上述历史因素，但如果没有出现引领倒幕的核心人物，也很难开始倒幕运动。就在此时，后醍醐天皇登上了历史舞台。

● 后醍醐天皇对掌权的野心

当时，天皇家在后嵯峨天皇的下一代之中并未发生皇位继承之争。简单而言，后嵯峨天皇驾崩后，后深草上皇的天皇血脉和龟山天皇的天皇血脉共存于世，在幕府的调解下，两家开始轮流继承皇位，即采取了"两统迭立"的形式。

其中，后深草家族因居住于院御所持明院殿而被称为"持明院统"，龟山家族因后宇多法皇居住于大觉寺而被称为"大觉寺统"。

事实上，"两统迭立"并未能顺利执行，两个家族都积极在幕府中运作，尽可能实现有利于自己的结果。

继龟山天皇之后，同属大觉寺统的后宇多成为下一任天皇。此后，由持明院统的伏见天皇、后伏见天皇继承大位。后伏见天皇退位后，大觉寺统的后二条成为天皇，之后由持明院统的花园天皇接替皇位，接下来一任天皇则是大觉寺统的后醍醐。

但是，在大觉寺统看来，后二条天皇是直系天皇，后醍醐天皇只不过是起到了承上启下的作用。因此，将后二条天皇的皇子邦良亲王立为了皇太子，后醍醐天皇退位后，把从后宇多那里继承到的所领悉数交给邦良亲王，后醍醐的后代也都成为邦良亲王的手下。

由于大觉寺统继承了皇统，持明院统自然会发起抵抗。但是，大觉寺统也做出了妥协。邦良退位后将持明院统中后伏见的皇子量仁亲王立为天皇。

不过，后宇多法皇驾崩后，风向骤变。邦良亲王失去了祖父后宇多法皇的后盾，想让后醍醐天皇尽快让位，以保住皇位。持明院统也希望后醍醐天皇让位。因为一旦邦良亲王继位，量仁就一定会成为皇太子。由此，后醍醐天皇陷入了大觉寺统和持明院统的双面

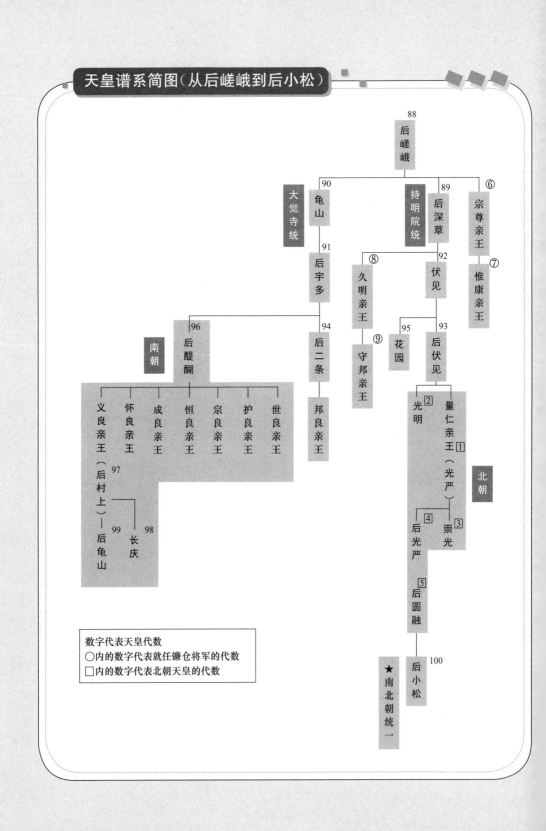

天皇谱系简图（从后嵯峨到后小松）

88 后嵯峨

90 龟山 — 大觉寺统

89 后深草 — 持明院统

⑥ 宗尊亲王

91 后宇多

⑧ 久明亲王

92 伏见

⑦ 惟康亲王

96 后醍醐 — 南朝

94 后二条

⑨ 守邦亲王

95 花园

93 后伏见

邦良亲王

义良亲王（后村上）97 — 后龟山99

怀良亲王

成良亲王

恒良亲王

宗良亲王

护良亲王

世良亲王

长庆98

光明②

量仁亲王（光严）① — 北朝

后光严④

崇光③

后圆融⑤

后小松 100

★南北朝统一

数字代表天皇代数
○内的数字代表就任镰仓将军的代数
□内的数字代表北朝天皇的代数

夹击之中。

如果后醍醐是直系天皇，他还可以选择让位，成为院政。但是，后醍醐天皇没有这样选择，因为他知道，如果要让自己的天皇血脉延续下去，就必须继续坐在皇位上。而他所面临的最大的阻碍就来自支持两统迭立的幕府。

于是，后醍醐天皇便令心腹中的公家日野资朝、日野俊基等人开始劝诱各地武士与自己同心同德。但是，这一行动被位于京都的幕府派出机构六波罗探题发觉。随后，日野资朝等人被捕。这就是历史上的正中之变。

正中三年（1326 年），邦良亲王逝世后，后醍醐天皇想将皇子世良亲王立为皇太子，但遭到持明院统的反击，最终量仁成为皇太子。

后醍醐天皇一计不成又生一计，他让皇子尊云法亲王（之后的护良亲王）担任天台座主（天台宗的总本山比叡山延历寺的住持），也就是企图依靠僧兵的势力来维持统治。大觉寺统的心腹吉田定房感受到了其中的威胁，便将后醍醐天皇的行动秘密告知了幕府。这种行为也是完全可以理解的，如果后醍醐天皇胡乱举兵，很可能会导致整个大觉寺统倒台，吉田定房当时一定对此深感恐惧。

元德三年（1331 年）四月，日野俊基等人再次被六波罗探题抓捕，并送至镰仓。后醍醐天皇在笠置山（位于京都府笠置町）同时举兵，结果被幕府军包围。不久，后醍醐天皇被废除皇位，流放到隐岐。此后，后伏见上皇开始展开院政，量仁亲王登基，成为光严天皇。

但是，当时的朝廷毫无军事实力，军事职能牢牢掌握在幕府手中。在这种局势下依然选择举兵出击，实在是下下策。

由此可见，后醍醐天皇一直过度执着于让自己的子孙继承皇位，彻底破坏了朝廷与幕府之间早已形成的默契。当发现自己的想法没有得到认可后，又立即举兵，企图通过实力较量占据上风。

● **发掘历史中的导火索**

有时，反而是这些令人费解的事情推动了历史的车轮滚滚向前。在镰仓幕府体制下无法实现自己政治理想的新兴武士首先响应了后醍醐天皇"打倒幕府"的号召。

当时，跟随后醍醐天皇举兵的楠木正成被称为河内国的"恶党"。恶党即失去领地的御家人、庄园领主手下的非御家人、地侍（成为武士的名主阶层）等群体。他们不仅拒绝缴纳年贡，还动用武装力量袭击庄园，因而被称为恶党。

楠木正成似乎是中央贵族手下的武士，但由于他强行闯入和泉国若松庄，掠夺年贡，而被庄园领主临川寺称为恶党。不过，最开始这股势力的规模并不大，可他们特别擅长游击战，相继潜伏在该国的赤坂城、千早城之中，令幕府大军深受其扰。

与此同时，后醍醐天皇的皇子护良亲王也在熊野、吉野的深山中发起了军事行动，即向各国下令，要求武士起兵。在楠木正成、护良亲王的促动下，各地掀起了轰轰烈烈的反幕府运动。

此时，后醍醐天皇也趁乱逃出隐岐，从出云进入伯耆。在伯耆，他得到了名主和长年的接应。由此，后醍醐天皇的倒幕幻想，也增添了一些现实色彩。

起到决定性作用的是奉命上阵讨伐赤松氏的足利高氏（后来的尊氏）加入了倒幕势力。足利高氏是参加后三年之役的源义家的孙子义康的后代，为源氏名门。在幕府中地位仅次于北条氏。或许是出于对北条氏一直手握大权，不肯让位于源氏心怀不满，足利高氏与赤松氏的兵力会合后，向六波罗探题发起了进攻。

由于足利高氏成为后醍醐天皇的手下，幕府内部的成员发生了动摇，实力雄厚的御家人也迅速开始做出反抗幕府的举动，如上野国的新田义贞就马上举兵。新田氏也是源氏名门，同样是源义家之孙源义重的后代。

新田义贞动身前往镰仓后，各地御家人纷纷加入了新田义贞的队伍。他们在分倍河原之战中攻陷幕府军队，渡过多摩川，在七里浜过海进入镰仓。走投无路的北条高时与七八百名御内人一同自尽。由于将军是彻头彻尾的傀儡，北条氏得宗家的灭亡就标志着镰仓幕府的结束。

但是，我们决不能忽视历史上这一桩桩成为导火索之事件。时机未成熟之时，一般不会发生重大的政治动荡。只有某一个契机出现，事情才会发生。在倒幕运动中，正是由于天皇成为倒幕的主要推动者，才能形成聚拢人气的核心，也才能确保御家人攻击幕府的行为具有正当性，这都是不争的史实。从这个层面来看，如果将后醍醐天皇这位特立独行的天皇视为幕府灭亡的推动者毫不为过。

不过，从宏观角度来看，幕府倒台的深层原因还是在于幕府体制自身存在诸多问题，而并非单纯源于外界对北条得宗专制的不满。

发起倒幕行动的楠木正成等恶党，本质上是庄园的庄官及其庶子独立后形成的当地实权派武士。他们即便想要强行行使对土地的权力，也只不过是幕府体制下当地的警察、征税人。对这些实力与地位不相当的武士们而言，幕府已经成为制约自身发展的枷锁。一旦有机会，他们就会以极具爆发力的形式彰显自身的强大能量。

幕府灭亡的主要原因在于外界对北条得宗专制的不满远超想象，由此引发了围绕继承后醍醐天皇血脉的盲目行动，最终导致幕府走向灭亡。可以说，后醍醐天皇举兵只是一个导火索而已。

第五章　南北朝室町时代　战国大名登上历史舞台

Q25　为什么教材上无法写明室町幕府的成立年份？

｜历史关键点｜两位天皇间的历史纠葛

● **足利尊氏为什么要在京都开创幕府？**

镰仓幕府统治结束后，后醍醐天皇再次坐上天皇之位，开启了新的政治统治，史称"建武新政"。这一时期，后醍醐天皇否定了院政和摄关，意图重建由天皇统领的政治体制。但是，由于他的统治忽视了在镰仓幕府的统领下创立的诸多新政令和法律，反倒引发了政治混乱。

后醍醐天皇将自己的名讳"尊治"中的一个字赐予了在倒幕中立下汗马功劳的足利高氏，令其改名为足利尊氏。但是，他却将征夷大将军的职位给了皇子护良亲王。护良亲王反其道而行之，想与足利尊氏开展军事对抗。足利尊氏将护良亲王的谋反意图告知给了后醍醐天皇后，护良亲王反而被流放到在镰仓的弟弟足利直义身边，遭到终身幽禁。

北条高时之子北条时行在信浓国发动中先代之乱后，遭到足利直义讨伐，北条时行战败后返回了镰仓。足利直义担心北条时行会加入正在幽禁中的护良亲王麾下，便有夺取北条时行性命的想法。听到消息后，北条时行立刻离开镰仓，逃往了三河。

为此，足利尊氏向天皇申请前去讨伐北条时行，以获得征夷大将军之位。后醍醐天皇担心足利尊氏前往日本关东地区后会自立门户，不仅没有让他成为征夷大将军，甚至都没有允许他出征。但足利尊氏没有获得敕令仍然贸然前去镇压北条时行，在远江国战胜了北条时行的部队。

后醍醐天皇怀疑留在镰仓的足利尊氏意图谋反，便命令属下追讨足利尊氏。足利尊氏听闻此事，便开始闭门不出。他命令足利直义迎战前来追讨的新田义贞部队，但最终战败。此事发生后，或许并未有意对抗后醍醐天皇的足利尊氏就不得不出马，攻破新田义贞的部队进入京都。然而，足利尊氏马上就遭受到了北畠显家、新田义贞、楠木正成等人的军队攻击，未能守住京都，最终只好流落到了九州。

正好，九州的御家人群体对建武新政心怀不满，足利尊氏得以在他们的援助下恢复了元气。不久，他在凑川之战中攻破楠木正成，请光严上皇重新入主京都。后醍醐天皇只好败逃近江坂本。

建武三年（1336 年）八月，光严上皇的皇子丰仁亲王登基，成为光明天皇。后醍醐天皇应足利尊氏的要求，返回京都。但他返回的前提是要让后醍醐天皇的皇子成良亲王成为皇太子。足利尊氏并不想与后醍醐天皇制造更多矛盾，便同意了提议。十一月七日，足利尊氏制定的建武式目成为室町幕府的基本法，随即与后醍醐天皇和解。

然而，十二月二十一日，后醍醐天皇突然带着三种神器（即八咫镜、八尺琼曲玉、草薙剑）从京都出逃，前往吉野，宣布恢复皇位。据称，这是北畠亲房的建议，就此日本的南朝出现，与之对应的光明天皇所统领的地区就称为北朝。从此旷日持久的日本南北朝内乱开始。

有很多研究人员表示，到第三代将军足利义满时，已比任命足利尊氏为征夷大将军时更重视基本法建武式目的规定。由此可以认定，1336年已经建立起了实质意义上的幕府。当然，教材上没有写明室町时代起始时间的原因或许正源于此。

北朝的光明天皇在历应元年（1338年）八月任命足利尊氏为征夷大将军，室町幕府建立。虽然足利尊氏名义上是征夷大将军，但他并未前往镰仓，而留在了京都，名义上为了对抗位于吉野的南朝。

● **为什么南朝能存续下来？**

后醍醐重新坐上天皇之位后，就进入了后醍醐和光明两位天皇并立的时代，即日本的南北朝时期。尽管光明天皇身在传统都城京都，足以证明北朝是正统的皇室。但是，北朝只不过是由足利尊氏建立的傀儡王朝。就正统性而言，曾经的天皇、持有三种神器的后醍醐天皇显然更具正统性。由于这个原因，现代的日本历史学家也没有严格界定究竟哪个王朝才更具正统性，所以才会将其称之为日本南北朝时代。

后醍醐天皇在延元四年（1339年）八月十六日逝世于吉野，享年52岁。接着，后村上天皇登基，日本内乱反而更加严重。

这里的主要原因并不在于南朝方面实力强大，而在于足利尊氏的弟弟足利直义和足利尊氏的执事高师直之前产生的矛盾，继而引发了亲直义派和反直义派之间的混战，这一混乱史称"观应之乱"。观应元年（1350年），逃出京都的足利直义南下，奉后村上天皇纶旨（天皇颁布的命令文件）有意拉拢南朝势力，并受到南朝重用。后村上天皇欲令足利直义讨伐足利尊氏。

第二年二月，足利直义大破北朝军队，迫使足利尊氏由于与自己议和，表示接受南朝统治，日本南北朝暂时统一。即便如此，足利尊氏仍旧在讨伐足利直义，并于观应三年（1352年）打败足利直义。同年，被囚禁的足利直义离奇死亡，人们推测很可能被足利尊氏毒死。此后，混乱局势在尊氏派、旧直义派、南朝势力三者间反反复复持续了 10 多年的时间。

在此期间，对立关系尤为复杂。总而言之，就是各家对立势力都想将北朝或南朝拢入怀中，成为为自己服务的傀儡政权。历经了旷日持久的混乱，第三代将军足利义满当政时期的北朝与后龟山天皇的南朝磋商，实现了南北朝统一。而此时已是观应之乱 40 年后的明德三年（1392 年）。

当然，统一是有条件的。一是南朝方面要举行让国之仪，将三种神器交给北朝；二是之后要采取两统迭立的模式。从形式上来看，南朝让国的做法就相当于表明了此前南朝是正统王朝。这也是江户时期历史学家提出的南北朝正闰论中南朝为正统的一大依据。不过，这场磋商似乎只是足利义满的个人行为，双方皆无意履行约定，两统迭立自然也就从未真正实现过。

Q26　为什么足利义满会成为"日本国王"？

|历史关键点|足利义满发展货币经济的真正目的

● 足利义满为什么能走上不寻常的发达之路？

室町幕府第三代将军足利义满在贞治六年（1367 年）十一月年仅 10 岁时，便从他的父亲第二代将军足利义诠手中接过了征夷大将军之职。幕府从赞岐召回细川赖之，请他以管领的身份辅佐足利义满。管领是统管政所和侍所等各个机关，向各国的守护传达将军命令的职务，相当于镰仓幕府的执权一职，之前幕府曾任命细川、斯波、畠山三家交替担任这一职务。

康历元年（1379 年）闰四月，与细川赖之对立的越前斯波义将包围了足利义满的宅邸，逼迫足利义满罢免细川赖之。迫于形势所逼，足利义满只得罢免了细川赖之。

由此可见，在足利义满执政早期，幕府不能无视实力雄厚的守护之想法。但是，在经历了土岐康行之乱、明德之乱（讨伐山名氏清）、应永之乱（讨伐大内义弘）等事件之后，足利义满逐渐掌握了绝对权力。

正如前文所述，明德三年（1392 年），足利义满经过与南朝方面交涉，终于实现了南北朝统一。

由此，足利义满的官位也实现了破格晋升。他的祖父足利尊氏、父亲足利义诠除了获得征夷大将军的职位之外，官位仅止步于正二位的权大纳言，而义满则从权大纳言晋升到从一位的内大臣、左大臣，并于永德三年（1383 年）获得诏令，成为准三宫（在这里，准三宫是与太皇太后、皇太后、皇后平级的身份），并加封他拥有等同于三宫的封地食邑。后来足利义满又在应永元年（1394 年）升任为太政大臣。

足利义满的过人之处，在于他获得的这些官位并非徒有虚名，而是真正的名副其实。他不仅是将军，还是公家任职官位的顶峰。

基于这一现实，也有人认为足利义满或许曾想过要篡夺皇位。近些年，日本学者今谷明在著作《室町的王权》中提出了一种说法，认为足利义满有意让他的长子足利义持成为将军，让爱子足利义嗣继承后小松天皇的皇位。而之所以最终未能实现，是由于义满在应永十五年（1408 年）五月六日突然离世所致。

对于这种说法，研究中世史的日本学者们大多持批判态度，几乎没有研究者接受这一说法。即便从今谷明所揭露的史实来看，足利义满也只不过是实现了破格晋升，并没有篡夺皇位的计划。

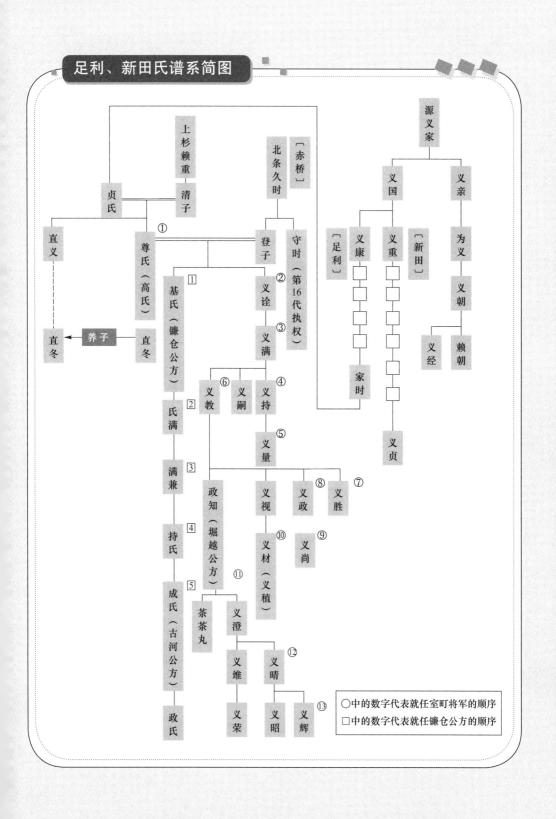

足利、新田氏谱系简图

○中的数字代表就任室町将军的顺序
□中的数字代表就任镰仓公方的顺序

● 从"日本国王源道义"解读义满的意图

问题在于，义满曾被明朝皇帝册封为"日本国王"。也就是说，他企图借助明朝的力量，让自己在日本的权威凌驾于天皇之上，这种解释也是成立的。那么，实际情况究竟如何呢？

有趣的是，足利义满曾多次向明朝派遣使节，竟一概遭到了明朝的拒绝。

这是因为，明朝的政治局势也在发生变化。当义满以"日本准三宫道义"的名义寄出表文后，明建文帝便在诏书中曾将其称为"日本国王源道义"。可是，那些遣明使节还没回来，明朝就发生了政变，永乐帝继位。足利义满得到消息后立即又发出了署名为"日本国王臣源"的表文。当时尚未坐稳皇位的永乐帝对使节来访感到欣喜，于是立即发布了"致日本国王源道义"的诏书，并赐予了刻有"日本国王之印"金印和通商许可证勘合。

虽然被册封为日本国王之事一直被史学家们视为足利义满早就有意篡夺皇位之证据，但是足利义满并没有向国内外宣传"日本国王"的称号，更没有将其作为篡夺皇位的手段。

当时，反倒是足利义满对明使低声下气的态度遭到了公家们的批判。后世有的历史学家也认为这是一段屈辱外交。因为，"日本国王臣源"中的"臣"意在表明义满自称是明皇帝的臣子，破坏了日本的独立自主。

而义满此举又意在何为呢？

另外，册封还引发了连锁反应，日本与同样被明朝册封的朝鲜建立了邦交，日朝贸易日渐繁盛起来。从朝鲜传入日本的青瓷、白瓷壶和茶具等颇受上层阶级珍视。

我觉得至少有一点可以肯定，他希望能从日本和明朝的贸易往来中获益。如果被明朝册封为"日本国王"，就能与明朝开展大规模贸易。明朝皇帝不仅会赏赐上万贯的钱财，还能让日本在贸易往来中获得巨大的收益。之所以室町幕府时代日本货币经济能实现长足发展，正依托于日本与明朝繁盛的贸易。

此外，足利义满本人也对中国文化充满向往。

综上所述，希望通过"日本国王"的名号向朝廷示威等说法纯属猜测，均无法得到证实。所以，我们也不能将义满成为"日本国王"视为他有意篡夺皇位的证据。

足利义满死后，继承将军之位的第四代将军足利义持反对足利义满的朝贡形式，便断绝了与明朝的通商往来。此外，足利义持还在应永二十三年（1416 年）的上杉禅秀之乱后，采用连坐之法杀害了足利义满的弟弟足利义嗣。

直至第六代将军足利义教上任后，日本和明朝的两国贸易才得以重启。

Q27　日野富子是应仁之乱的导火索吗？

| 历史关键点 | 将军家族与将军之妻日野家的争执

● **应仁文明之乱实为继承者之争**　历史上，第六代将军足利义教为了加强将军的权力实施了恐怖统治，最终演变成不可挽回的灾难，而他本人也遭到当时实力雄厚的守护赤松满祐杀害，这一事件史称"嘉吉之变"。虽然室町幕府在此时已走下坡路，但起到决定性作用的还是在京都上演的应仁文明之乱。在这场历时 11 年的动乱中，一位重要的女性日野富子登上了历史舞台。

在日本的高中历史教材中，著名女性人物本就寥寥无几。我们之前介绍的有古代的卑弥呼和推古天皇；有中世镰仓时代源赖朝的妻子北条政子，还有就是我们即将介绍的室町时代第八代将军足利义政之妻日野富子。日野富子是第九代将军足利义尚的母亲，她之所以能够出现在历史教材中，是因为当时他曾代替足利义政开展政治统治，在历史上留下了浓重的一笔。

宽正五年（1464 年），29 岁的足利义政将弟弟足利义视指定为继承者。但是，一年之后足利义政就和日野富子诞下了儿子足利义尚。可见，前一年的事情无疑是足利义政在故意点燃对立的火种。

当时幕府中出现的一大问题是，管领斯波家和畠山家之间围绕继承人问题产生了冲突。应仁元年（1467 年），细川胜元和山名宗全为了争夺幕府的主导权，开始介入畠山家继承人之争中，从而引发了将日本分裂为东西两个部分（其军队也被称为东军与西军）的混乱局面。这就是著名的应仁之乱。战乱延续了长达 11 年之久，一直延续到了文明年间，因此又被称为应仁文明之乱。

最初占据优势的是抓住足利义政、足利义视等人的细川胜元（东军），后来山名宗全（西军）又在大内政弘的援助下重新夺回优势地位。日野富子非常希望她的儿子足利义尚能成为将军，于是她也私下和山名宗全串通。

应仁二年（1468 年）十一月，足利义视突然归顺西军，由此形成了东西幕府并立的局面。文明三年（1471 年），越前守护代朝仓孝景背叛后归顺东军，又促使东军占据优势。文明五年（1473 年）年仅 9 岁的足利义尚受命成为将军，由日野富子的哥哥左大臣日野胜光开始辅佐足利义尚。

我们知道，一旦战争长期持续，就会逐渐滋生厌战情绪，应仁之乱也是如此。于是，宗全和胜元之间便展开了和平谈判。文明六年（1474 年），山名家和细川家之间达成和解。而此时，宗全和胜元早已离世。

文明八年（1476年），日野胜光去世，日野富子开始独自掌管政务。足利义政深感自身势力衰微，也开始逐渐放弃管理政务。在这场战乱中，日野富子储存了大量的粮食、钱财，一手向大名放高利贷，另一手则开始做粮食投机生意，积极积蓄力量。

虽然其他守护大名之间还在持续展开对战，但是在文明九年（1477年）处于劣势的西军竟然因厌战提前解散了军队，这场战乱就此平息。

在这场战乱中，沦为主要战场的京都一片狼藉，以往驻守京都的守护均被下放到各个地方国。而将军足利义政又无力控制住动乱的势头，令室町幕府统率守护大名的能力陷入了谷底。

守护回到地方国的原因还有一个，那就是以下克上（即下级代替上级、分家篡夺主家、家臣消灭家主、农民驱逐武士等）已经演变为切实之行动，他们需要留在自己的领地上战斗。但是，他们仍难以阻挡时代的洪流，很快日本战国时代的大幕就此拉开。

● **日野富子的出身**

在这里，相信很多人有个疑问，那就是日野富子究竟是何人？其实，日野家属于中等公家，是世代从事儒学、歌道的名家。日野家的祖先名为藤原真夏，是藤原北家藤原冬嗣的哥哥、曾担任参议，并在后醍醐天皇手下参与制订讨幕计划。自11世纪中期起他改名为日野真夏。另外，被处死的日野资朝、日野俊基也出自日野家族。

另外，还由于时任将军足利义政极度厌世，对政治毫无兴趣，才会让具有一定的政治素养的日野富子插手政治。

谈及富子为什么要插手政治，主要原因还是为了让她的儿子足

日野家此前最大的官职是权中纳言。在室町时代，日野时光的女儿日野业子是第三代将军足利义满的正室。此后直到足利义尚为止，日野家的子女都是将军的正室，日野家的官位也上升到权大纳言。特别是日野富子做将军正室后，其哥哥日野胜光更是升任到左大臣。日野富子之所以能够掌握权势，正是由于将军家和日野家保持着密切关系的原因。

利义尚成为将军。足利义政明明有可能诞下子嗣，却偏偏要让他的弟弟继承将军。如果富子再不出手，就有可能会彻底葬送足利义尚的未来。

足利义政的实权被富子夺走之后，便在东山建造了山庄（今慈照寺银阁），开始了隐居生活。他建造的银阁下层和东求堂同仁斋均采用书院造木结构，即当今和风住宅的原型。此外，这一时代也是雪舟的水墨画、日本传统文化茶道以及花道的奠基时代。可见，足利义政虽不是一流的政治家，却是一流的文化人，因此这一时代也是日本文化繁荣发展的时代。

另一边，继任将军的足利义尚英年早逝，长享三年（1489年）便在近江军中遗憾离世，年仅25岁。

Q28　战国大名是在何时何地产生的？

| 历史关键点 | 关东与京都的继位者之争搅乱时局

● 从京都前往骏河的北条早云

如果问第一个被定义为战国大名的人是谁，那么非小田原的北条早云莫属。人们习惯将其称为后北条氏，这是为与镰仓幕府的执权北条氏进行区分。不过，北条早云并不是他的真名，采用北条的姓氏也是从北条早云的儿子北条氏纲的时代才开始的。

北条早云原名伊势盛时，人们大多认为他是从一介浪人起步，最终功成名就后才成为战国大名的。但真实情况是，早云其实出自世袭室町幕府政所执事的京都名门伊势氏。

他的父亲伊势盛定曾担任第八代将军足利义政的申次，早云本人也曾是第九代将军足利义尚的申次。

这里说的申次是在将军身边工作，承担着上传下达的职责的职务。主要做的是将将军的指示传达给守护，然后再将守护上报的事项汇报给将军。

北条早云的姐妹嫁给了骏河守护——被称为北川殿的今川义忠。今川义忠赴远江参战战死后，今川义忠的表兄弟小鹿范满成为今川义忠儿子今川氏亲的监护人，掌握了今川氏的实权。一贯支持小鹿范满的太田道灌被主君上杉定正暗杀后，北条早云便开始帮助外甥今川氏亲讨伐小鹿范满。在这里一再提到的这个今川氏亲就是后来在桶狭间合战中被织田信长讨伐的今川义元的父亲。

当时，伊豆由堀越公方足利政知掌管。公方原本是指将军，当时在日本关东地区设有与京都的室町将军平级的镰仓公方。

足利政知是第六代将军足利义教的儿子，也是镰仓公方。但由于他未能掌管关东地区，只是在掌管伊豆国的堀越，因而被人们称为堀越公方。与之类似，镰仓公方足利基氏的子孙足利成氏在下总国古河被人们称为古河公方。与公方分裂同时，辅佐镰仓公方的关东管领上杉氏也分裂为山内、扇谷两家。

足利政知为了让自己的儿子足利清晃（即足利义澄）成为将军足利义尚的继承人，令其上洛（即前往京都，日本战国时引申为攻占京都统治整个日本），让足利清晃的弟弟足利润童子继承自己的事业。不过，由于日野富子支持她妹妹和足利义视的儿子足利义材（后来的足利义稙），清晃未能成为将军。

延德三年（1491 年）四月，足利政知逝世后，足利政知的庶子足利茶茶丸杀害了足利润童子及其母亲圆满院，成为堀越公方。

在另一边，足利清晃也没闲着。明应二年（1493 年），细川政元突然在京都进攻并幽禁了将军足利义材，将还俗后的已改名为足利义澄的足利清晃拥立为第 11 代将军，该事件史称"明应政变"。

出兵讨伐足利茶茶丸的北条早云在掌控伊豆后，便将自己的大本营设在了韮山。由此可见，在这一时期即便是没有依靠幕府任命获得守护的职务，仅凭借自身的实力在一定地域内获得独立的掌控权的人，便可以称之为战国大名。

● 谁是第一位战国大名？

在明应政变发生后，北条早云立即进攻伊豆以讨伐足利茶茶丸。家永遵嗣在其著作《室町幕府将军权力研究》中认为，北条早云是举着为新将军足利义澄的母亲和弟弟复仇的名号前去讨伐茶茶丸的。事实也表明，日本关东地区的局势与京都室町幕府的人事变动有极其密切的关系。

此后，北条早云又从大森氏手中夺下小田原城，随后便与关东管领山内上杉、扇谷上杉形成了对立。永正十三年（1516年），北条早云灭亡了相模的三浦氏，将相模收入囊中。自此，北条早云正式成为伊豆、相模两国的掌管者。

当时，日本的中央政权同样处于动荡之中。细川政元死后，细川高国和细川澄元开始争夺细川家家长之位。为了拔得头筹，被流放的原将军足利义材在细川高国的拥护下再次成为将军。在关东地区，古河公方足利家的内部纠纷中，足利高基在北条早云的支持下战胜了足利政氏，后来足利高基的弟弟足利义明又攻入下总小弓城，从而引发了新的战争。

应仁之乱后的室町幕府中，无论是在京都还是在关东地区都在处理各种内部纠纷。因此，才令像北条早云这样的人物有足够的空间在地方扩张势力范围，依仗权威成长为战国大名。

Q29 战国时代的天皇处境如何？

| 历史关键点 | 丧葬费用与登基费用不足凸显天皇的窘境

● 应仁之乱导致未能让位

前面说完了北条早云与战国大名的崛起，现在让我们再回到日本的天皇中央政权这里。当称光天皇退位后，崇光天皇体系中的伏见宫贞成亲王的皇子彦仁登基即位成为后花园天皇。后花园天皇在位期间，发生了永享之乱、嘉吉之乱等诸多事件，室町幕府也历经多次动荡。即便如此，幕府仍然有一定的实力，朝廷的各种仪式甚至还要靠幕府的帮助才能进行下去。

宽正五年（1464 年）七月十九日，后花园天皇让位于皇太子成仁亲王，即后来的土御门天皇。生前便让位给自己的后代，设立院政是中世朝廷的惯例，后花园上皇也是按照惯例执行的。但是，自后土御门天皇当政后，天皇家的苦难史也就此开启。

后土御门天皇即位后，立即爆发了应仁之乱。战乱导致京都烧毁过半，后花园上皇和后土御门天皇都不得不逃出御所前往室町邸（将军宅邸）避难。支撑着朝廷的公家们则纷纷离开朝廷，前往自己的庄园所在地保命。因此，此前一直延续的朝廷仪式和人事活动均无法继续开展下去。

后土御门天皇即位后已经进行了两次改元，而在应仁三年（1469 年），为了平息战乱，又有意进行第三次改元。但是，由于许多公家都已去往地方，改元进程遂陷入停滞。

除了改元，无法按照天皇意愿开展的工作还有让位事宜。后土御门天皇看到战乱难以平息，又提出有意辞去天皇之位。但是，由于当时没有立皇太子，他的想法未能得到任何支持。

见改元、让位都不能成行，后土御门天皇又提出要退位出家，让位给胜仁亲王（后来的后柏原天皇），但将军足利义尚又不同意，结果这一想法也未能实现。

应仁文明之乱平息后，后土御门天皇终于能够返回内里。虽然内里并未烧毁，但也几近荒废。捉襟见肘的天皇为了征集内里的修缮费用，在京都的 7 个关口设置关卡，收取通行税。同时幕府也在洛中、洛外征收栋别钱协助。即便这样，还花了不少时间才完成了内里的修缮工作，后土御门天皇终于得偿所愿，返回了内里。

的确，开展让位工作需要花费大量钱财，朝廷没有经济实力，只要幕府没有积极伸出援手，这项工作就很难开展。

● **后土御门天皇的葬礼始终未能举行**

明应九年（1500 年）九月二十八日，后土御门天皇逝世。

对此，近卫政家在日记中写道，天皇尚未让位就已驾崩，尚属首次。让位于后人是后土御门天皇的夙愿，但愿望未能实现之时他便患病驾崩。

后土御门天皇的不幸不止于此。当年十月四日，举行了后土御门天皇的下葬仪式，但由于幕府迟迟不予葬礼费用，因此始终未能举行。

后土御门是第一位也是最后一位由于经费短缺而无法举行葬礼的天皇。

直到十一月八日，幕府才极不情愿地送来了丧葬费用 1 万疋钱（约合今天的 1000 万日元），并在十一日用最低的开销为后土御门天皇举行了葬礼。此时距离天皇驾崩已经过去了 43 天。

● **后柏原天皇执着于举行即位仪式**

也许，后土御门的处境并不是最差的。

后土御门的大皇子胜仁亲王在文明十二年（1480 年）十二月受命成为亲王，但由于国库没有任何货币储备，只能向日野富子借 2000 疋钱（约合今天的 200 万日元）。后来，这笔钱还是用朝廷下属的庄园年贡偿还的。

后土御门天皇逝世后，胜仁亲王登基成为后柏原天皇。但他仍然拿不出即位所用的仪式开支，结果连登基仪式都没有举行。

文龟元年（1501 年）三月，朝廷命令幕府提供即位仪式所需的 50 万疋费用，即现在的 5 亿日元。但是由于幕府当时也手头拮据，结果只交了 3000 疋而已。

此后，后柏原天皇要求各国服国役、要求战国大名捐款等，都是费尽了功夫。最终，在后柏原天皇登基的 21 年，也就是永正十八年（1521 年）三月二十二日才举行登基仪式。

后柏原驾崩于大永六年（1526 年）四月五日，可以说他一生中的一大半时间都在为举行登基仪式而奔走。因此，让位和设立院政之事就更是天方夜谭了。

从这时起，各国大名因为能支持朝廷用度，所以官职级别不断上升。如为各项朝廷仪式捐款的山口战国大名大内义兴已成为从三位。这显然会招致公家的不满。

不仅大名如此，就连他们的家臣中都有人获得了某某守的名号。而这些，都是他们积极向朝廷捐款的结果。

继承后柏原皇位的是后奈良天皇。在其当政时期，肥后国人吉相良氏被任命为宫内少辅，由此各国大名越来越有超越幕府将军官职称号的趋势。

这时候卖官鬻爵已成为支撑朝廷财政和参与公家生活的重要收入来源。

Q30 火绳枪是如何传入日本的？

| 历史关键点 | 种子岛发现热门商品火绳枪

● **中国海盗五峰其人**

我们知道火绳枪传入日本，大大改变了战国大名的战斗方式。随着火绳枪传入日本，足轻①们组建起火绳枪队，配备大量火绳枪的大名也日渐强大起来。

通常认为，火绳枪传入日本的时间是在天文癸卯年，即 1543 年。这种说法源于萨摩大龙寺僧人南浦文之撰写的《铁炮记》之记载。

---

① 日本最低等的步兵。他们平常从事劳役，战时成为步卒。——译者注

但是，近年葡萄牙方面的史料显示，火绳枪传入日本的时间是1542年。不过，这种说法是事件发生很久以后形成的史料所记载的，真实性不足，因此在这里仅做存疑。

据《铁炮记》记载，大船到达种子岛后，船上的葡萄牙人便将火绳枪传入了日本。之后，"大明儒生五峰"也来到了种子岛。这位绰号叫作五峰的人，就是往来于日本和暹罗（现泰国）、中国南海诸岛之间的海盗王直。后来，王直领导种子岛上的倭寇，经常劫掠海上船只。

在这里，倭寇是对日本海盗的称呼。当时，王直在五个岛上分别建立了根据地，成为海盗巨头。

● **种子岛是日本贸易的前沿阵地！？** 倭寇往来于中国和东南亚港口之间，有时会展开和平交易，更多的是进行掠夺。当时已在东南亚扎根的葡萄牙人，希望也能从中分一杯羹，所以积极和日本接触。因此我们可以认为，到达种子岛的大船不是葡萄牙船，而是倭寇的船；此船也不是漂流而至，而是专门以种子岛为目的地的。

当时负责接待葡萄牙人的是萨摩岛津宗族的家臣种子岛时尧。据《铁炮记》记载，当时种子岛向明朝派出了三艘船只。其中两艘进入明朝的海域，这两艘中有一艘曾搭载着王直前往当时日本最大的贸易港博多。东京大学名誉教授村井章介推测，这些船并不是前去朝贡，更可能是专门从事走私的船只。而且，派出这艘船的是丰后的大友义鉴。

这种说法十分引人深思，如果事实果真如此，那么种子岛就是当时日本开展东亚走私贸易的前沿阵地。我们能推测出，种子岛时尧花费大量金钱向葡萄牙人购买了两挺火绳枪，也不仅是因兴趣使然，而是因为他想通过制造枪支，售卖给战国大名，从中获取利润。实际上，上文提到的船中，还有一艘在归国途中遇到暴风雨，漂流到了伊豆。也有一种说法认为，这艘船上有手持火绳枪的种子岛家臣，是他们将火绳枪传到了关东地区。

关于火绳枪传入日本国内的实际情况还有许多不明之处，因此也有人推测火绳枪有可能是从朝鲜进口的。

不过，可以确定的一点是，当时堺和近江的国友村已成为火绳枪生产的中心。曾与博多齐名的贸易港堺最先开始生产火绳枪，表明火绳枪已经成为当地的贸易产品之一。

由此可知，火绳枪之所以能在短时间内遍及日本全国，是由于火绳枪在战国大名间相互交易中而成为热门商品。

Q31　室町末期的日本与日本民众处于何种状况？

| 历史关键点 | 方济各·沙勿略眼中的日本社会

● **方济各·沙勿略的行动轨迹**　　火绳枪传入种子岛六七年后的天文十八年（1549 年）七月二十二日，耶稣会传教士方济各·沙勿略登上鹿儿岛。

据传，沙勿略是纳瓦拉王国（属于今西班牙）王族之子，是耶稣会向外传教的第一批会士之一。1541 年，他从里斯本出发，前往亚洲。1547 年，他在马六甲遇到了萨摩藩青年弥次郎。

沙勿略得知他有强烈的求知欲，便认为拥有这种特质的日本人很适合成为宣教对象，于是他便跟着弥次郎来到了鹿儿岛。

但是，鹿儿岛领主岛津贵久禁止在鹿儿岛宣教，沙勿略只好改为前往京都。他最初原本想见天皇，但最终未能如愿。据说，虽然室町幕府将军已允许开展宣教活动，但是他考虑到无法在已然荒废沙勿略途经非洲到印度、东亚，见到过许多国家的民众和民族。他认为日本人是很友善的。而且大多数人都能读书写字，厌恶偷窃，拒绝赌博。而且，他眼中日本人最大的特征就是自尊心强。对此，他是这样描述的：日本人的自尊心很强，不能忍受他人恶语相向。这一特性在当时日本的史料中就很常见，在欧洲人眼中也是一个非常突出的特点。

武士普遍受到尊崇，每个武士都会臣服于自己的主君，也就是领主。这并非出于暴力压迫，而是每个武士都认为这关乎个人尊严。

的京都进行宣教，于是改在山口、丰后等地宣教。1551 年，他留下伙伴只身返回印度。第二年他到中国传教，在广东附近因罹患热病去世。

● 沙勿略在《大书简》中描写的日本人形象

沙勿略在 1549 年 11 月 5 日由鹿儿岛送出的书简被称为《大书简》（即《方济各·沙勿略生平与信件》第二卷中的《从日本给耶稣会的信》），直到今天在日本都颇受重视，因为这部书简包含了许多当时日本人生活状态的宝贵记载。

而且，沙勿略也对日本的社会秩序做出了高度评价。

他提到，大家都非常尊敬武士。所有武士也都很重视为领主效力，臣服于领主。他们之所以会选择臣服，一方面是因为一旦做出反抗就会受到领主的惩罚；另一方面是在他们看来，如果不臣服于领主，就会有损个人尊严。

这种观察是十分有趣的。沙勿略来到日本时，正处于以下克上风气十分严重的战国时代。尽管如此，当时臣服于主君关乎个人尊严的观念依然十分强烈。当时，为主君舍命奋战已成为战国武士的习惯。由此可见，此后被称为忠义的道义名目，在这一时期已经成为根植于武士内心的伦理观念。

Q32 川中岛合战的战争经过是什么样的？

| 历史关键点 | 《甲阳军舰》所讲述的战争画面

● 第四次川中岛合战中的激烈战斗

前面虽然说到大名们获得了一系列以前从未获得过的官职，但他们并不会获得守护等中央官职，得到的只是在军事上掌管一国或近似区域而已。他们的家臣则主要由过去的庄头和定居于各国的国人（亦称国侍）组成。这些家臣的出身不尽相同，有的出身于守护、守护代，有的出身于国人。为了维护统治，他们还制定了自己的法律——《分国法》。日本战国时代，各国交战的特点在于是否善于运用足轻等下级武士，他们所使用的武器也已集中在火绳枪、弓、枪等。

在战国大名的诸次激烈交战中，给人印象最为深刻的便是武田信玄与上杉谦信交战的川中岛合战。

这场战争是甲斐的武田信玄和越后的上杉谦信围绕北信浓归属问题展开的斗争。其间共发生了 5 次大规模战斗，最为激烈的一次是发生在永禄四年（1561 年）的第四次战斗。

这次战斗的战前情况是，上杉谦信进军至妻女山，布兵 13000人；武田信玄在海津城（今日本长野县长野市）布兵 12000 人。随后，武田信玄渡过千曲川，在八幡原布阵。

武田信玄计划依托海津城的兵力从背后进攻妻女山，待敌军出动后，再依托八幡原的 8000 人兵力展开进攻。而这就是武田信玄的军师山本勘助创立的啄木鸟战法。

然而，上杉谦信却通过海津城的形势预判到了武田信玄的战术。于是在九月九日深夜，悄然渡过雨宫渡，在距离武田信玄大本营仅 2 公里的川中岛平布阵。

天亮后，武田信玄才得知上杉谦信的大军已近在咫尺。很快，遭到突袭的武田军就陷入混乱。激战中武田信玄的弟弟武田信繁战死，得知自己犯下战略错误的山本勘助则率领手下的足轻队在大本营防守，最终战死。

武田信玄方面的别动队在这时才刚刚到达八幡原。到达战场

江户时代后期学者赖山阳在其著作《日本外史》中提到过的"鞭声萧萧夜渡河"就是描绘当时的场景。

后，他们立刻向上杉谦信的军队发起反攻。上杉谦信虽然陷入了劣势，但他的家臣并未停止进攻的步伐，有一名家臣单兵闯入武田信玄大本营，从马上向武田信玄连砍三刀。武田信玄临危不惧，立即用军扇挡住了进攻。原虎吉用枪惊动马匹，上杉谦信顺势上马离去。据说，当时武田信玄的军扇上留下了八道刀伤。

● **山本勘助是真实存在的人物吗？** 江户时代初期军事学家小幡景宪所撰写的《甲阳军舰》曾详细记录了这场战争的情境。这本书在江户时代广为流传，川中岛合战也因这本书而闻名于世。但是，书中的记载有多少属于真实情况，历史学家也是众说纷纭。

尤其是关于山本勘助的情况，他是不是真实存在的人物都值得怀疑。勘助只有一只眼、一只脚，手指也不灵活，一直浪迹天涯。由于他侍奉于今川家，所以在骏河住了9年，但始终未能获得官位。武田信玄听说了他的传闻，便请山本勘助来到甲斐，给了他不少财产，让他留在左右。

除了身体畸形之外，他当时的表现也过于出挑，所以才会被怀疑是虚构的人物。但是，根据目前的发现，武田信玄的书信中确实提到过山本勘助这个人物。由此可以证明，山本勘助这个人是真实存在的。

但是，正是因为有了这本书的存在，才为战国大名的交战增添了更多奇幻色彩。

当然，《甲阳军舰》中所描写的山本勘助屡屡立功的故事未必都是史实。目前并没有明确的证据表明，在川中岛第四次合战时真正使用过啄木鸟战法。

川中岛合战原本也只是发生在信浓周边的局部战役，与全国形势并无太大关联。甚至还有人批评称，武田信玄、上杉谦信等一众

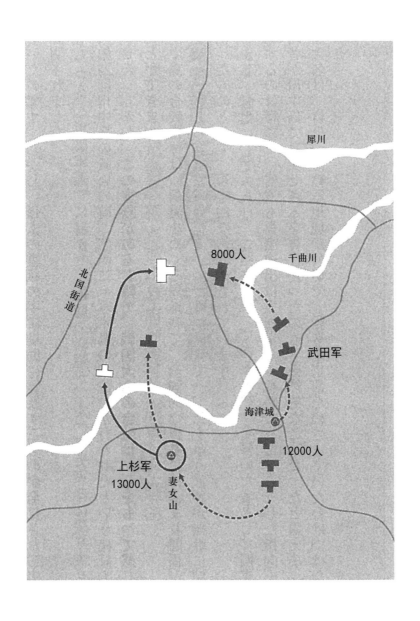

武将要在战国时代一争高下实在是白费精力。

不过，就上杉谦信而言，他作为关东统领上杉家的继承者，称霸日本关东地区是他的夙愿。进攻信浓也是武田信玄早已制定的战略。二人具有如此鲜明的目的性，他们在川中岛展开激战也就成了必然。而且，从他们的战斗轨迹也能看出，战国大名并没有剑指京都的意图，他们更重视的是维护自己的领地不受侵犯。

第三篇 近世史

织丰政权与德川幕府兴亡的原因

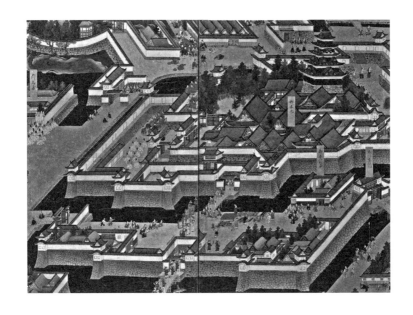

第六章 安土桃山时代 织丰政权的枯荣盛衰

Q33 为什么织田信长能在桶狭间合战中获胜？

| 历史关键点 | 靠战略还是靠运气？为何评价不一的原因？

● 桶狭间
合战的真相

众所周知，织田信长击败骏河强敌今川义元的桶狭间合战，促使他成为"天下人 ①"。

永禄三年（1560 年）五月，今川义元对织田信长的领地发起军事进攻。过去，这场行动曾被视为以上洛为目的的战斗，而现在已被重新定义为三河国和尾张国的国境纠纷。当时，已进军到三河国的今川义元面对织田信长封锁鸣海城、大高城的举动，立刻开始发起远征，以期守住鸣海城。

但对于织田信长而言，这也是一场改变命运之战争。面对号称兵力多达 20000 人至 25000 人的今川大军，织田信长以 2000 人的兵力迎战，不仅大获全胜，还取得今川义元之首级。接着，他与已脱离今川氏的松平元康（后来的德川家康）结为同盟，巩固后方，开始专注于向美浓国发起进攻。

由于桶狭间合战颇具戏剧色彩，所以对战争胜利的原因众说纷纭。不过，其中最为可信的是，织田信长发现了在兵力上占优的今川军的疏漏，选择采用迂回战术奇袭今川义元的大本营，最终获胜。

历史学家藤本正行就此提出了一个疑问：如果织田信长是率领

---

① 天下人即天下的主宰者之意，在日本是指统一了全日本的人。——译者注

2000 人的精兵抄近道直逼今川义元大本营附近的，那么多达 2000 人的队伍是如何做到不被发现的呢？所以他认为信长采用的这种战术缺乏合理性。而且，藤本正行还通过分析《信长公记》的内容得出结论，信长并非通过奇袭获胜，而是通过正面进攻攻破了今川军。

我们知道，记录这场战争的一手史料太田牛一著的《信长公记》的确没有写到奇袭的事情。下面就让我们来看看这本书是怎么叙述这整件事的。

当时，身在清洲城的织田信长得知今川军正在进攻鹫津砦和丸根砦，先是舞了一曲《敦盛》，然后站着吃了一碗茶泡饭，便走上战场。

他先是带着队伍到了热田神宫，在这里等待后援部队到达后，便行军到佐久间信盛镇守的善照寺砦驻扎。而此时，今川军正在桶狭间山修整部队。

据说，织田信长不听家老劝阻，执意从善照寺砦一路进攻到中岛砦。而且还在中岛砦做出训示，要继续进攻前方的今川军。接着，他率军一直逼近到桶狭间山的山脚。就在织田军前进时，突然骤降暴雨。即便如此，织田信长也不顾雨水泥泞命令全军向今川军发起总攻。

面对织田军的背水一战，今川军的先锋立即要求部队向后溃散。而这一举动，立刻导致今川军阵形大乱，义元的大本营也不得不向后撤退。

这时，不断进攻的织田信长竟然发现今川义元所乘坐的轿子没有跟上大部队，便命令道："旗本在此，打！"

见状，陪同今川义元撤退的 300 名骑兵立刻围绕着今川义元站定，以圆形的阵形保护今川义元后退。随后，拼死奋战的今川家臣

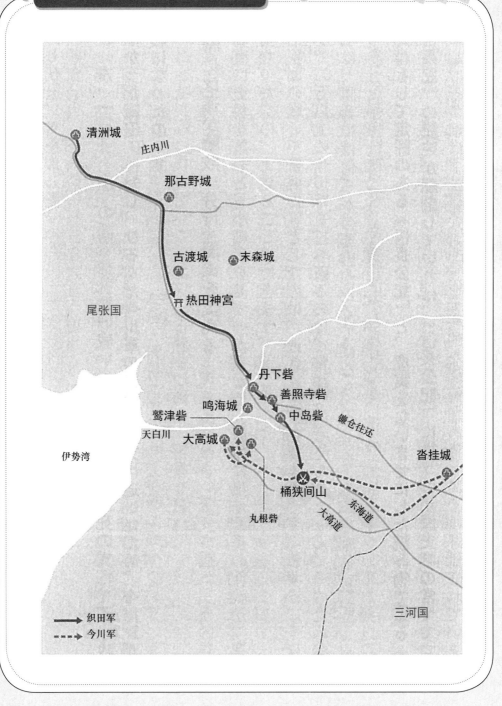

织田军、今川军的进军示意图

清洲城
庄内川
那古野城
古渡城　末森城
开 热田神宫
尾张国
丹下砦
善照寺砦
鸣海城
鹫津砦　　　中岛砦
天白川　大高城　　　　　　　　　镰仓往还
伊势湾
沓挂城
桶狭间山
东海道
丸根砦　　大高道

三河国

→ 织田军
⇢ 今川军

可见，面对背水一战而发起正面进攻的织田军，松散的今川军先锋选择撤向后方，由此导致了今川军全面溃败。

们纷纷坚持上前奋战，防卫战持续了五轮。等到保护今川义元的家臣只剩下 50 人时，织田信长下马，与各位小姓一道争先战斗。最终，一个名为毛利新介的人斩杀了今川义元，并取下了他的首级。

这就是《信长公记》对桶狭间合战的描述。

● 运气有时会决定胜负，改变历史

仔细阅读史料便可以发现，在这场战斗中，织田信长更多的是受到了命运之眷顾。

也许大家不知道，将桶狭间合战使用的战术定义为奇袭战术的其实是近代的日本陆军参谋本部。因为谁都看得出，以区区 2000 名士兵对抗多达 20000 多人的今川军，实在是不合常理。因此，参谋本部认为，获胜需要具备一定的有利因素，于是就按照《甫庵信长记》中的表述，将这种战术定义为奇袭战法。

按照历史学的惯例，当一手史料的《信长公记》与近乎小说的《甫庵信长记》之间出现表述差异时，显然应该遵循《信长公记》。但当时《信长公记》的史料价值并没有得到高度认可。尤其是讲述桶狭间合战的首卷将桶狭间合战的发生时间写为天文二十一年（1552 年）五月，足足提前了 8 年之多。因此，判断该书缺乏可信度也不无道理。

而且，单刀直入的正面进攻毫无战略性可言，只能说这种莽撞的行为势必会遭到占据人数优势的今川军反扑。如果说日本陆军参谋本部是为了解释这一矛盾点，才按照《甫庵信长记》的说法创造了奇袭说，也就不足为怪了。

但是，在实际的战斗中，我们也不能否认这种战术无法取得意外的胜利。织田信长当时应该未能掌握今川义元的准确位置。所以，他自然无法采取抄近道攻击今川义元大本营的战术。同时，从

战斗中被丢弃的坐轿来看，织田信长确实追上了今川义元，随后又取下了他的首级。从某种意义上看，这种结果就是一系列偶然造就的必然结果。

如果织田信长在这场战役中落败，或许就不会有织田信长一统天下的大业，一统天下的进程也将发生巨大的变化。从这个层面来看，这是一场具有重大意义的战争，而信长的胜利并不具有必然性。由此可见，运气也会决定胜负，并给历史进程带来重大变化。

Q34　长篠合战中的"三段式射击"实为何物？

| 历史关键点 | 《信长公记》和《长篠合战图屏风》打开未解之谜

● **三段式射击真的存在吗？**　　　我们知道，在长篠合战中，织田信长凭借充分运用火绳枪获胜。因此，这场战役也成为战国时代的一场划时代战役。

天正三年（1575 年）三月下旬，甲斐的武田胜赖向三河国发起进攻，包围了与德川家康结盟的奥平定昌所镇守的长篠城（今日本爱知县新城市），战争由此而起。当时，德川家康还是个实力较弱的战国大名，凭一己之力无法对抗武田的兵力，于是便向盟友信长请求支援。

五月十三日，离开岐阜城的织田信长与德川家康会师，继而梁军在长篠城附近的设乐安营扎寨。这时，双方决定以织田－德川联军的名义与武田军决一死战。

据《甫庵信长记》称，在这场决战中，织田信长事先准备了3000 挺火绳枪，在防备马匹的栅栏的后面安排了 3 排火绳枪队，平均每排火绳枪多达 1000 挺，3 排兵力轮流进攻，给武田胜赖的骑兵造成毁灭性打击。

对此，藤本正行提出了 3000 挺与三段式皆为杜撰的说法。藤本正行指出，这种说法最早来自缺乏史料价值的《甫庵信长记》，而且《信长公记》提出从各处汇集的火绳枪只有 1000 挺而已。而且即便有 3000 挺火绳枪，使其顺利地分 3 轮交替射击也绝非易事。因此，藤本正行认为当时并未采取这种战术。

● 长篠合战的真实情况

今天，藤本正行的说法已经基本得到学术界认可。但是，另一位历史学家平山优重新探讨长篠合战时，对藤本正行的说法提出了异议。

平山优解释称，一般来说"三段"往往可以解释为三排，但他推测此处的三段其实是指战争中配置的部队，当时由配置在三个地点的部队交替使用火绳枪射击。此后，藤本正行又在《重新验证长篠合战》中称，任何史料都没有使用过三段式射击这个词语。只有《甫庵信长记》提过一句："汇集三千挺火绳枪（中略）紧凑摆放，每段摆放一千挺，分段轮番射击。"这种说法只能解释为 3000 挺火绳枪排成三排进行射击。

在之后成书的《总见记》中也有类似的描述："分三批瞄准，每批一千挺，摆放紧凑后即可射击。"其中也没有提到三段。由此可见，在三个位置部署兵力的解释是错误的。

不过，日本冈山大学附属图书馆收藏的太田牛一《池田家文库》手稿在"千挺"的旁边又加上了一个"三"字。这个"三"到底是太田牛一所写，还是后世的人看到《甫庵信长记》的记载后添加的，

史料价值得到认可的《信长公记》中写有"火绳枪千挺有余"。即便当时真的有 3000 挺火绳枪，但该史料上的情节并没有得到过实际验证。

就不得而知了。

此外，《长篠合战图屏风》上除画有排成两列用火绳枪射击的部队，还有排成一列射击的部队，但这都不是排成两列或者三列同时用火绳枪射击的场景。

长篠合战图屏风（部分），日本爱知县犬山城白帝文库所藏

● **武田家的骑马军团**

在日本著名导员黑泽明导演的电影《影武者》和日本放送协会（NHK）的大河剧等影视作品中，我们经常能看到一群骑马飞驰而过的武者被火绳枪击中倒地的场景。事实上，这一时期骑马的武者大多是下马和大量步兵一同作战的。

藤本正行在描述武田军骑马军团形象的同时，还使用传教士路易斯·弗洛伊斯在《日本备忘录》中所提出的说法，武田军也是由少数骑兵带领大量布兵的部队。原文是："我们都是在马背上作战的人，日本人在必须作战时则会从马背上下来。"

对此，平山优表示并不能否定武田军中存在着大量骑兵。不过，织田信长为了防备武田军的骑兵队曾搭建了防备马匹的栅栏，也足见武田家的骑兵足以构成威胁。

按照弗洛伊斯的表述，日本人是要下马才能投入战斗的。但是，他所见到的是日本九州地区和近畿地区等日本西国武士的作战场景。所以我们无从判断东国的真实作战状况。可以想见，当时在东国主要采用的是镰仓幕府武士传承下来的骑马战术。战国时代，不同地区的战术有很大的差异。

平山优认为，当时用骑兵应对火绳枪手的战术并不罕见。也就是说，武田军是在有充分的获胜把握下才会出动骑马武士的。

对此，藤本正行则认为，前往长篠城展开救援的织田军要面临背后武田军的威胁，武田胜赖不得已才会命令骑兵向织田军大本营发起突袭的。据《信长公记》，当时武田胜赖"腹背受敌，御敌之兵刚刚出动"。所以这种推论很有说服力。

但是，即便如此也完全无法逼近从防备马匹的栅栏中用火绳枪应战的织田－德川军。最终，武田军损失惨重。而这就是这场战争的真实情况。

虽然武田胜赖出动了引以为豪的骑兵，但战绩全胜的织田－德川联军之火绳枪数量之多也是武田军所未曾想到的。对此，武田军只好首先派出山县三郎兵卫，其次又派出武田逍遥轩，让骑马的武士轮番展开突袭。

一般来说，日本的骑马武士身边都会有牵马、枪协等徒步士兵在死角展开防范，这已经成为众所周知的常识。也就是说，骑马的武士不会单独组成集体，飞奔疾驰，展开突击，这种场景在此后的时代中同样广为人知。同时，《长篠合战图屏风》等绘画作品中也为我们更直观地提供了当时的战争情况。

织田信长在这场战争中大获全胜，甚至直到武田军溃败时都没有动用骑马的武士。

Q35　本能寺之变是否有黑幕?
| 历史关键点 | 明智光秀单独行动说与黑幕说

● **本能寺之变的黑幕说**　发生于天正十年（1582 年）六月二日黎明的本能寺之变是一场明智光秀讨伐主君织田信长的政变。由于事发突然，各种猜测明智光秀意图以及明智光秀背后指使者的说法都有。

近几年，日本三重大学教授藤田达生提出了"足利义昭黑幕说"。虽然这种说法有相应的史料作为依据，但是藤本正行和谷口克广还是指出，其依据的史料存在错误。

织田信长遭到讨伐，最高兴的莫过于足利义昭。他从天正四年（1576 年）起依靠毛利氏迁居备后之鞆（今日本广岛县福山市）。虽然人们怀疑足利义昭是幕后黑手完全合理，但当时的足利义昭或许并不具备干掉织田信长的实力。

而且，足利义昭得知织田信长死后，曾希望各方协助谋划自己的上洛事宜。六月十三日，寄送给小早川隆景重臣乃美宗胜的御内书（将军发出的表示薄礼的文书）上写道，足利义昭已经告知毛利辉元、小早川隆，既然已经打倒了织田信长，就要大家一起出力助足利义昭上洛。一旦目的达成，所有人都会得到重赏。

藤田达生将这段话解释为足利义昭本人已明确表明其参与了讨

这场胜利源于织田信长在堺、近江国友等地设立了火绳枪产地。胜利的关键并非在于织田信长采取了传说中的"天才战术三段击"，而是取决于两军火绳枪数量的极大差距。

如果事发前足利义昭和明智光秀早已串通，明智光秀自然会大肆宣扬，否则他一定会陷入孤立。

伐信长的行动，但仔细查看其行文与口气，足以看出足利义昭只是在描述明智光秀讨伐织田信长的事件而已。

综上所述，讨伐织田信长是明智光秀的个人行为这一说法最为可信。

此外，关于幕后黑手的说法也是众说纷纭，有人认为正亲町天皇和耶稣会是幕后黑手，甚至还有人认为羽柴秀吉（即丰臣秀吉）才是幕后黑手。但是，依附于织田信长的日本天皇和耶稣会应该不会讨伐织田信长。

● 弗洛伊斯对明智光秀背叛原因的阐释

那么，明智光秀为什么要谋反呢？

对此，学术界提出了许多不同意见：有的人认为他对织田信长的作为有所怨恨；也有人认为他的领地丹波被收回让他感到危机深重；还有人认为他有夺取天下的野心；最近有人更提出是由于织田信长对四国地区政策的转变，导致明智光秀遭受两面夹击。

目前，明智光秀有意一统天下的说法非常具有说服力。此外，明智光秀怨恨织田信长的说法虽然自古有之，但仍然不能忽视。"怨恨说"最早是由桑田忠亲依据弗洛伊斯撰写的《日本史》第五十六章中提出的。

在一系列活动（如接待对安土进行友好访问的德川家康）的准备工作中，织田信长都是在一个密室中与明智光秀沟通的。织田信长素来易怒，不能忍受他人对自己忤逆。据传言，明智光秀对织田信长的命令两次提出反对意见。对此，织田信长曾有过一两次对明智光秀拳脚相向的情况。不过，这些事情都是在私下发生的，只有他们两个人才知道，而且事后也未成为民间的传言。

据推测，该事件是经常出入耶稣会教会的织田信孝告诉弗洛伊斯的。当然，弗洛伊斯应该不会只靠凭空想象就去记录这样一件事。所以这些事有可能真的会成为明智光秀发动谋反的重要契机。

对于明智光秀在谋反前的行动，弗洛伊斯的描写如下。

在圣体节（复活节 50 天后的第一个星期四）之后的周三夜晚，明智光秀将兵力集结到城内时，叫来他最信任的 4 位心腹部将，向他们简要说明了情况。他讲到自己有充分的原因杀害织田信长及其长子，并表达了自己主政天下的决心。而且，他还明确表示这项频频受阻的行动在此时已迎来了绝佳的时机。织田信长身在京都，身边没有兵力，当时完全不会考虑到这个方面（应对谋反）。拥有兵力的主将均已出动与毛利交战，而且信长的三儿子已率领 13000 人至 14000 人出发，远征四国。在这幸运降临的时刻，绝对机不可失。既然已经将任务告知手下，明确了行动计划，他又能否给予他们相应的奖赏，尤其是他们期望得到的功勋呢？

很显然，明智光秀当时并没有向任何人表明过自己的赏赐是什么以及何时给予。而他的手下也仅仅是抱着死忠的态度，根本没有多问前程。

● **光秀在哪里失算了？**

正如弗洛伊斯所述，明智光秀的谋反行动之所以能取得成功，是因为织田信长仅带领了几位小姓等极少数的家臣前往京都。与其说是织田信长疏忽所致，不如说是织田信长手下的家臣在构成上存在着极大问题。

在织田信长军中，每当发生战斗时，实力雄厚的家臣就会成为独立的前线司令官，并召集自己的家臣组成军团。可也正是这时候，织田信长直属军团中得力的指挥官就会离开，一直守卫在织田信长身边的人就不多了。

虽然明智光秀成功打倒了织田信长，但如果他对未来没有长远考虑，也无法开展下一步工作。明智光秀或许认为他的女婿细川忠兴及其父亲长冈藤孝、筒井顺庆等人会跟自己站在同一条战线上。然而，即便当时是以下克上的时代，如果失去了正义的旗号，也不会有人愿意与反叛者为伍。

如果在日本中部与毛利氏对峙的羽柴秀吉没有发动"大返还"，或许明智光秀还能再坚持一段时间。当时，明智光秀也许也曾想到要和各地与织田军团作战的战国大名联手拥立足利义昭，为自己的行动争取一定的正当性。

然而，他还无暇进行这种尝试时，就要去进攻四国地区，与加入大阪织田军团的羽柴秀吉展开对决。

Q36　为什么室町时代最后一位将军足利义昭会遭到流放？

｜历史关键点｜强大毅力助推将军家族延续 200 多年

● **依靠信长成为第 15 代将军的足利义昭意在何为？**

室町幕府最后一位将军是第 15 代将军足利义昭。虽然他后来出家成为奈良兴福寺一条院的僧人，但是由于他的哥哥——第 13 代将军足利义辉遭到三好三人众^①杀害，他只得离开寺庙选择了还俗。为了重振将军家的威风，他有意依靠越前的朝仓义景等人，但是进展并不顺利，他在新兴势力织田信长的拥护下于永禄十一年（1568 年）九月上洛，成为第 15 代将军。

如果足利义昭只是志在重振足利家的雄风，即便他只是织田信

---

① 日本战国时代末阿波三好氏一族的三名武将。——译者注

长的傀儡，只要能保住将军的地位即可。然而，足利义昭的真正目的却是要重振将军的权威，所以他就必须向各国的战国大名寄出御内书，继而发号施令。

因此，永禄十三年（1570 年）正月二十三日，织田信长向足利义昭发出通告，要求足利义昭向各国发出御内书时一定要提前通知自己。但足利义昭认为，自己身为将军自然有权随意寄出书信。

足利义昭几乎没有直接隶属于他的兵力，他根本无法与织田信长抗衡。但是，足利义昭当时似乎认为，只要他以将军的名义向各国的战国大名发出命令，就能够把信长赶下台。

可见，织田信长对足利义昭的要求就是他能将政务委任给织田信长，然后再讲大将军的位子出让。

● 足利义昭战败，被迫流浪

元龟三年（1572 年）十月，驻军甲斐的武田信玄响应足利义昭的呼吁，开始展开军事行动。十二月，他在三方原合战中攻破织田－德川联军。

足利义昭顺势而为，在翌年二月举兵反抗织田信长，然而在得知武田信玄的死讯后，足利义昭又立即谈和。然而，不知为何，足利义昭在七月竟然出尔反尔以山城国槙岛城为据点举兵，结果就是立即被敌方攻陷。

在《信长公记》第六卷中记载，信长称自己"虽并无大碍，但义昭忘恩负义，公然与我为敌，我本想令其自尽，却恐于天命"。所以信长只是驱逐了足利义昭。

以织田信长的实力，强迫足利义昭切腹并非难事。但是，按照当时的观念，织田信长要杀害将军，还是会心存芥蒂。

足利义昭为什么又要执着于排挤织田信长呢？其实，在前文织田信长的话中已承认了足利义昭就是将军，不过他对织田信长"并无大碍"。就是说足利义昭本身就是一个傀儡而已。

但是，足利义昭过分在意自己作为将军的身份。

回顾历史，我们对义昭的行动感到非常不可思议。当时，室町幕府经历了200多年的武家统治已经衰微，甚至将军都无力与地方的大部分武家抗衡。可是，足利义昭错误地认为自己仍是将军，所以外界必须听命于自己。

最终，足利义昭被驱逐出京都，流浪到纪州附近，受到毛利氏的保护。即便如此，足利义昭还是强烈要求毛利氏向织田信长发起进攻。由于他当时身在备后国的鞆，因此有研究者将这股势力称为"鞆幕府"，实质上他手中半点实权都没有。

实际上，只要足利义昭能满足于名义上的地位，他就可以永远住在织田信长为其建造的京都将军御所中。而过度执着于将军实权的他，反而将自己逼入绝境。

当足利义昭最终明白过来的时候，时间已经来到了天正十五年（1587年）年末。那时，丰臣秀吉刚刚收服了九州的岛津氏。

Q37　为什么丰臣秀吉能被任命为关白？

| 历史关键点 | 大臣们对关白的看法

● **五摄家的内部纠纷**

天正十三年（1585年）七月，丰臣秀吉叙任从一位关白。这是大臣中最高的官位和职务。那么，为什么丰臣秀吉会被任命为关白呢？

事情要从当年二月说起。原本当时是左大臣的二条昭实成为关白，原为右大臣的近卫信便成了左大臣，菊亭晴季从内大臣升任为右大臣。当内大臣的空位出现时，正担任大纳言的丰臣秀吉便顺利地填补了这个空缺。

当时，丰臣秀吉正在征讨四国。他本想亲自渡海前去四国指挥大军，但是当时即将成为下一任天皇的诚仁亲王（后来的阳成天皇的父亲）提出"秀吉尚需升任，不必遵循惯例"，便同意了秀吉出征。满朝文武也都认为，丰臣秀吉一定会升任更高官位。

如果秀吉升任，一定会成为右大臣，而右大臣是织田信长曾经担任的职位。织田信长在本能寺之变中横死，秀吉对此有所忌讳。因此，秀吉希望成为左大臣。

但是当时担任左大臣的是刚刚升任的近卫信辅。如果将左大臣之位让给秀吉，就会在没有就任关白之前就成为"前任官员"，也就是成为前任左大臣。近卫信辅自然无法接受这种安排。

在出征之前，丰臣秀吉曾将朝廷之事委任给了前田玄以。当他后来从前田玄以口中听闻此事时，立刻提出自己想接手关白的职位，他马上命令前田玄以与近卫龙山（前久）、近卫信辅父子展开交涉。

近卫信辅当然不会同意，近卫信辅提出"关白自平安时代藤原基实公以来，从来都不是五摄家之外的人可以企及的"。

鉴于此，丰臣秀吉便提出了自己的条件，即"秀吉成为龙山的养子，未来将关白的职务让给信辅，同时向近卫家赠送一千石家领、向其他四个摄家分别赠送五百石家领"。

近卫龙山认为必须要趁丰臣秀吉能摆出低姿态的时候做出回应，于是就劝说近卫信辅将关白的职位让给丰臣秀吉。

于是，近卫信辅就再三请求二条昭实让出关白之位。但是，二条昭实以就任关白没有不满一年就离任的先例为由，拒绝了近卫信辅的要求。二人为此争执不休。

● **原本计划让信长担任关白？**

于是，丰臣秀吉便在七月一日被天皇任命为关白。近卫家和二条家万万没想到，他们展开争执的结果竟是这样的。

武家被任命为关白自然是打破先例。但是，朝廷曾经也向织田信长提出过要他成为关白，所以从这点上来说应该也不算什么先例了。天正十年（1582年）四月，朝廷得知织田信长覆灭了甲斐的武田胜赖后，曾向安土派出使者，提出有意将织田信长任命为关白、太政大臣或者是将军。

当时，朝廷似乎有意让他成为将军，但是织田信长本人并不希望成为关白，所以才产生了这样的结果。不过，这时织田信长还没有表明自己的态度。因为织田信长并未统一全国，无论是成为关白还是将军，都不能代表什么。

当年五月底，织田信长为了进攻毛利而上洛，当时他应该已经对朝廷的询问做出了正式的答复。然而，当时留宿在本能寺的信长在六月二日黎明时分遭遇家臣明智光秀的突然袭击，命丧黄泉。因此，信长的答复就成为永远的谜团了。

虽然在织田信长眼中当个官根本不能代表什么，但丰臣秀吉就不是这样了。丰臣秀吉希望抓住一切可以利用的资源让自己上位。

之前，秀吉已把姓氏改为了羽柴。而在他成为关白之后，又创造了新的本姓丰臣。而在这之前，他只是一介无法冠姓的百姓而已。

从上述经过来看，朝廷将丰臣秀吉任命为关白就不能完全算是意外之举了。

Q38 令战国大名陷入恐慌的"国人一揆"是什么？
| 历史关键点 | "本领安堵"比生命更重要

● 肥后国人一揆反抗佐佐成政

天正十五年（1587年）五月八日，岛津义久前往丰臣秀吉的大本营泰平寺会见，这标志着九州也成为丰臣政权的统治范围。

随后，丰臣秀吉将肥后一国分配给佐佐成政，将筑前一国和筑后、肥前国的各两个郡分配给了小早川隆景，将丰前国六郡分配给了黑田孝高。

刚刚在九州获得领地的人以占领军的身份，将这里视为了自己的领地。

当时，各个地方国中都有被称为国侍（亦称国人或国众）的武士。其中的众多武士原本都属于镰仓幕府统治时期的御家人家族，他们获得了庄头等职务，定居当地，以领主的身份居住在城中。此外，还有楠木正成等非御家人的地侍，也就是所谓的恶党后裔。他们成为治理各个地方国的守护大名和战国大名的家臣。

在织田信长统治时期，国侍的待遇问题开始受到重视。如织田信长命令以占领军的身份进入越前的柴田胜家，不得随意处置国中诸侍，应诚恳相待。

但是，任何一种政令都不会放之四海而皆准。当时，佐佐成政进入肥后国，立即开始土地清查。但是，对此表示反对的国侍隈部亲永发起反抗，进驻山鹿城。在这个人看来，已经得到承认的领地没有理由再接受清查。

佐佐成政进攻山鹿城未果。结果造成更多的国侍蜂拥而起，当时发生的这种现象被称为"国人一揆"。其中"一揆"是指"只朝一个方向投掷"（即不留后路），"土一揆"则是指土豪和民众的行为，"一向一揆"是指一向宗的教徒们组织的行为。这些向掌权者发起抵抗运动，开展武装起义的统一行为，统称为"一揆"。

起义最早始于筑前的小早川隆景。后来，此情形愈演愈烈，立花宗茂、黑田孝高等人派出援军，即便如此也到了第二年正月才得以镇压。

织田信长认为，因为每个地方国都有这样的侍，只要能保留他们的领地（即实现"本领安堵"），他们就会自愿服从于新的国主。

133

降伏的国侍辩称道，他们无意背叛天下，只是由于国主佐佐成政治国无方，他们才会发起抵抗。为了平息怨气，秀吉一边将这些人全部处死，另一边也让佐佐成政在尼崎自尽，可谓两败俱伤。成为空城的肥后被一分为二，分别交给了加藤清正和小西行长。

● 国侍在黑田家的丰前纷纷发动起义

上文提及黑田孝高前往肥后增援时，他自己的领地丰前也发生了国侍起义。当时负责看家的是年仅 20 岁的嫡子黑田长政。

发动起义的是一个叫作如法寺孙二郎的人。黑田长政激励家臣道："如果这场战斗一揆获胜，就无法再统治其父亲奋力争来的领地，会丧失家族的颜面。"他知道，这是决定自己和众人人生走向的重要时刻，因而选择即使付出巨大牺牲也要发动征讨。

此后，以筑上郡的城井谷为大本营的城井镇房在城井谷发起反抗。城井归顺于丰臣秀吉之后，便上缴了领地。随后该领地被归入毛利吉成的领地中。之后，由于黑田孝高离开丰前，使得他收回领地，返回了原有的根据地。

城井原本隶属于下野国（今日本栃木县）宇都宫家族，被任命为丰前国庄头，是当地的国侍。这一地区处于守护大友义镇（宗麟）的势力之下，他名字中的"镇"表明城井是大友的家臣。

城井谷可以选择的进攻路线只有唯一一条，即谷底的道路。黑田长政想强攻，却遭到反击，一度陷入濒死的境地。虽然当时还陆续出现了其他反抗者，在毛利援军参与的镇压之下，城井镇房最终交出人质，选择投降。

城井镇房在前往中津城拜访黑田长政时，黑田长政以劝酒作掩护，暗杀了城井镇房。据《黑田家谱》记载，城井镇房是自愿带兵前往中津的。但事实或许并非如此，而是长政欺骗了前来臣服的城井镇房，并暗杀了他。

事后，城井镇房手下的一些家臣在合元寺发起反抗。相传，这场战斗中，门前的白墙被他们的鲜血染得通红。之后，这面墙又重新刷白。但是几经粉刷依然能看到血迹斑斑，因此最终人们只能把这面墙染成红色。

这种故事的产生本身也充分表明了黑田家惧怕遭到城井镇房及其家臣怨恨，确实已经心生悔意。

Q39　丰臣秀吉提出的"惣无事令"是什么？

| 历史关键点 | 秀吉确保政权稳固的政策基调

● "惣无事令"的内容

"惣无事令"是丰臣秀吉向战国大名发出的停战令。这个词语也成为剖析历史的关键词。它表明丰臣秀吉没有用武力征服各地战国大名，而是站在关白的立场上否认了战国大名之间的"私战"，力求用更少的战争实现全国统一。

平成二十二年（2010年）的日本高中教材《详解日本史》是这样介绍"惣无事令"的：

当丰臣秀吉成为关白后，便等于从天皇手中接过日本全国的支配权，因此他可以命令全国的大名停战，由丰臣秀吉亲自裁定各自的领国，此即惣无事令。

然而，平成二十五年（2013年）的《详解日本史》却将专门的"惣无事令"这一词条删除了。只在该事件的注释中加入了"该政策亦

由此可见，人们普遍认为"惣无事令"是真实存在的，所以才会被写入教材中。

可称之为惣无事令"。为何"惣无事令"会从正文转到注释中，这是由于历史学家研究发现"惣无事令"实际上并不存在，所以才基于事实做出了订正。

首先发现秀吉将"惣无事令"作为政策基调的是藤木久志。于是，许多高中历史教材中便采用了"惣无事令"的说法。

然而，后来人们发现在天正十一年（1583 年）十一月十五日德川家康寄给北条氏政的书信中便已经提及"关东惣无事之仪"。随后，天正十二年（1584 年）四月二十一日，德川家康寄给皆川山城守的书信中，也在无关丰臣秀吉命令的部分再次提到了"其表惣无事"。由此可见，"惣无事"仅仅是指领主之间达成一致的停战协定，在关东早已出现。

因此，藤井让治在《虽有"惣无事"，却无"惣无事令"》中提出，丰臣秀吉参与的东国惣无事只是个别的时事性事项，并非广义的、持续性地约束地区大名领主的"令"。

随着研究的不断推进，"惣无事令"便从教材文本中消失了。

● **违抗者受罚**

那么，"惣无事令"真的并不存在吗？要明确这一问题，首先要确认当时的情况。

天正十四年（1586 年）七月，越后国的上杉景胜上洛与丰臣秀吉会面之后，立即获准返回越后国。九月二十五日，上杉景胜受命"拉拢"关东、奥羽的伊达政宗、会津边。由此可以推断，丰臣秀吉的东国、奥羽政策是以上杉景胜为中心的。

然而，当德川家康上洛后，丰臣秀吉便开始命令关东诸事皆应与德川家康商谈。当年十二月三日，丰臣秀吉更是向关东大名逐一发出了这样的亲笔信。的确，将关东、奥羽两国实现惣无事的任务委任给家康，想必丰臣秀吉一定认为德川家康能够委以重任。

藤木久志认为，丰臣秀吉下令让德川家康实现关东、奥羽两国的"惣无事"的亲笔信发出的时间应是天正十五年（1587 年）十二月，即丰臣秀吉成功攻下九州之后。近年来，随着日本东国史研究的逐步深入，这一系列史料的成书年代被重新定义为天正十四年（1586 年）。丰臣秀吉在进攻九州之前，先向东国发出了"惣无事"的命令。其内容大量发布给了关东和奥羽的大名。

史实表明，丰臣秀吉在此之前就一直在向关东发布被称为"惣无事"的停战要求。而且，正因为这一举动最终令关东诸国恢复到了织田信长在世时的"惣无事"状态。而且，虽然织田信长没有对九州使用"惣无事"的说法，但也曾发出过停战命令。

正如拙著《天下人的一手史料》中所述的"刀狩令"（1588 年丰臣秀吉实行的没收农民手中武器的法令）那样。丰臣秀吉一旦颁布法规，无论是否能得到接受，都会成为约束全国大名的"法令"。

丰臣秀吉在织田信长死后立即要求德川家康完成"惣无事"，在确立统治后更是推广到了全国。由此可见，他确实向大名发出过停战命令。

但是，向大名提出停战要求原本是足利将军家的权限。永禄三年（1560 年）六月二日，室町幕府第 13 代将军足利义辉向萨摩的岛津贵久发出了劝告其与丰后讲和的御内书。由此可见，停战（或称为"无事"）的政策基调自室町幕府以来是一直存在的，天正十四年（1586 年）十二月发出的"惣无事"要求也应当被视为同类的政策。

丰臣秀吉不允许各国大名交战，如果各方有适当的理由可以向他申诉，他会做出裁决。在藤木久志看来，这可能是"个别的、临时性的事件"，但不可否认的是丰臣秀吉始终保持着这样的姿态。

针对全国大名的"私战"禁止令，是秀吉政权的政策基调。

因而"惣无事令"的存在并无不当之处。不过，教材上称丰臣秀吉"从天皇手中接过了日本全国的支配权"的表述是有问题的。

当时向岛津发出的停战令上写有"基于天皇之命令"。虽然这种表述并无错误，但这并不是在强调贯彻天皇的旨意。这种表达可能会招致误解，似乎不写为好。

那么，用"惣无事令"来称呼丰臣秀吉的停战命令是恰当的吗？丰臣秀吉曾命令各大名停止私战，延续了放眼全国的政策方向，将其统称为"惣无事令"并无不妥之处。如果认为当时不存在这种政策基调，反而是错误的。

如果"惣无事"是关东特有的词语，那么教材上就没有必要一定要使用"惣无事令"的说法。按照目前的《详解日本史》所述，采用"命令全国大名停战"的说法似乎更为恰当。

Q40 为什么丰臣秀吉会"入唐"？

| 历史关键点 | 丰臣秀吉的真实目的并不在于征服

● **信长也曾设想过"入唐"**

丰臣秀吉侵略朝鲜的真实意图不仅是想侵略，更是为了进攻明朝，即"入唐"。天正十八年（1590 年）丰臣秀吉向朝鲜派遣使节，可以视为朝鲜已臣服于日本。

但是，由于朝鲜抵抗意图明显，因此日本才与赶来支援的明朝援军展开交战。

实际上，"入唐"也曾出现在织田信长的幻想之中。与织田信长进行过多次会面的路易斯·弗洛伊斯在天正十年（1582 年）十一月五日从岛原半岛的口之津向耶稣会会长发出的日本年报追述

（《16、17 世纪耶稣会日本报告集》第三卷）中，是这样描述织田信长的想法的。

如果能征服毛利（氏），而成为日本 66 个地方国的绝对领主，那么下一步就要筹备一支大舰队渡海展开武力争夺，然后将诸国分给他的儿子们。

虽然这本书成书于织田信长逝世之后，但据推测这就是织田信长亲口告诉弗洛伊斯的话。相信他也曾对自己十分信任的家臣丰臣秀吉说过同样的话。

● 秀 吉
"入唐"的真
实意图

天正二十年（1592 年，十二月改年号为文禄）四月，文禄之役爆发后，日军很快便攻下当时的朝鲜首都汉城，进军平壤。

丰臣秀吉在写给关白丰臣秀次的书信中表明了自己的设想。他想进攻明朝，让丰臣秀次成为大明关白；同时让若宫良仁亲王或皇弟八条宫智仁亲王成为日本天皇，让丰臣秀保（秀次的弟弟）或宇喜多秀家成为关白。最后，自己将定居于宁波。日本史学界认为，他的这种设想纯属妄想。

就史实而言，丰臣秀吉的这种构想从起始阶段就纯属幻想。日本军队远弱于明军，甚至连朝鲜的明朝援军都打不过。明朝军队与周边民族早已打了 200 多年的战争，实力尤为强劲。日本军队如果想打明朝，无异于以卵击石。

随着战争的持续，日本的战线越拉越长，最后只好讲和，丰臣秀吉的计划最终破产。

第七章　江户幕府统治时期　幕藩体制与幕末动乱

Q41　德川家康是如何意图赶超丰臣家族的?

| 历史关键点 | 秀赖的潜在威胁与征夷大将军的权威

● 德川家康迟迟不肯接受将军旨意的真实想法

我们知道，德川家康是被丰臣秀吉推举为内大臣的。内大臣也称"内府"。在众多日本大河剧中德川家康被称为"内府大人"的原因正在于此。

庆长三年（1598 年）八月，丰臣秀吉去世，德川家康继承他的衣钵时并不顺利。因为，作为丰臣家臣中的一员，他必须要与前田利家、毛利辉元、宇喜多秀家、上杉景胜等共同组成"五大老"才行。

庆长四年（1599 年）闰三月，前田利家去世，丰臣家"五奉行"实质上的领导者石田三成下台。当这两人相继离开中央政权后，德川家康终于能够自由施展手脚。然而，在丰臣秀吉的遗孤丰臣秀赖长大成人之前，他只能以代理政务的身份存在。

转机出现在庆长五年（1600 年）九月五日爆发的关原之战中。西军实质上的主将石田三成遭到斩首。而"五大老"中毛利辉元、上杉景胜、宇喜多秀家 3 人都隶属于西军，西军战败导致毛利辉元领地大幅缩减，上杉景胜被迫离开原来的领地，宇喜多秀家则败逃萨摩。由此一来，在丰臣家臣中与德川家康平起平坐的大名都逐渐失去了原有的政治影响力。

　　然而，关原之战中，不仅是西军，东军也在为丰臣秀赖而战。关原之战发生后，德川家康立即向肥前国大名松浦镇信发出书信，信中写有"上方众逆心"。从东军的主力是丰臣秀吉手下的将士来看，"逆心"不是针对德川家康而言的，而是指针对丰臣秀赖的逆心。

　　据《落穗集追加》记载，发布将军任命时，朝廷曾发出表示催促的内敕。随后，金地院崇传和藤堂高虎说服了当时有所顾虑的德川家康，让他成功就任将军。不过，当时的很多人也看得出德川家康的顾虑其实只是一种作秀而已。

　　如果说非要有什么原因会让德川家康有所顾虑的话，那就是因为丰臣秀赖尚在大阪城中。如果他无视主家丰臣家贸然成为将军，一定会遭到其他人的批评甚至攻击。当时日本全国各地都还分布着得到过丰臣家恩惠的大名。考虑到这一点，德川家康只能希望在周围人的劝说下成为将军。

　　庆长七年（1602 年）十二月，德川家康的将军任命提上议事日程后，醍醐寺三宝院的《义演准后日记》中写道，人们传说"会将秀赖任命为关白"。可见，即便在丰臣秀吉死后丰臣家在京都仍有巨大的影响力。

　　因此，关原之战发生后，德川家康面临的问题就是如何削弱丰臣秀吉后继者丰臣秀赖的权威。要实现这一点，就要将征夷大将军的职位作为跳板。

● 将军任命收效甚广

　　庆长八年（1603 年）二月十二日，德川家康接受将军任命，这一举动对未来产生了深远影响。

　　当年二月二十四日，福冈藩主黑田长政、肥前国平户藩主松浦镇信、阿波德岛藩主蜂须贺至镇为了向德川家康之子德川秀忠表示由此可见，德川家康仅凭在关原之战中获胜的战绩是无法凌驾于主家丰臣家之上的。他能够获得超越主家的权威主要是源于他获得了将军的官职。所以说，正是将军职位为家康赋予了作为武家政权继承者的正统性。

祝贺便前往江户觐见。四月，当时身在伏见的长门萩藩主毛利辉元也表示做好充分准备后，将于次月十六日前往江户。

随后，各位大名均因德川家康升任将军，而前往江户觐见。

当时不仅有诸多大名到江户觐见，在此前后交由各位大名管理的秀吉藏入地（直辖地）已不再作数，而是成为由幕府管辖的领域。秀吉的藏入地作为"公物"由武家政权的继承者德川家康接手。

德川家康作为丰臣秀吉的继承者，或许也可以选择成为关白。然而，关白原本就在五摄家即近卫、鹰司、九条、二条、一条之间轮转，虽然也曾被丰臣家取代，但仅是暂时的。德川家康选择成为关白的好处在于可以阻止丰臣秀赖成为关白的道路，从长远角度来看则有可能仍旧会留下丰臣家的强大影响力。

与丰臣秀吉成为关白时不同，此时足利义昭已经逝世，将军职位出现空缺。感念于丰臣秀吉的后阳成天皇不愿忽视丰臣秀赖的存在，所以他必定希望德川家康就任空缺的将军职位。

德川家康如果成为右大臣兼将军，丰臣秀赖自然也将升任为内大臣。此前，丰臣秀忠是大纳言兼右大将，地位甚至还低于丰臣秀赖。德川家康之后还为丰臣秀赖留有余地。因此庆长十年（1605年）四月，德川家康将将军的职位让给了德川秀忠，明确表示将军的职位将由德川家世袭。

德川秀忠在收到将军任命的同时还将成为内大臣，因此就需要让丰臣秀赖从内大臣升任为右大臣。虽然这种升职路径并不符合丰臣家的意愿，但他们也只能在大阪城听命于朝廷。到庆长十二年（1607年），丰臣秀赖辞去了右大臣的职务。

然而，丰臣秀赖手中还掌握着另一张王牌，那就是只要政治局势有变，他就能随时成为关白，让丰臣政权复活。对于已步入暮年的德川家康而言，他仍然无法忽视身在大阪城的丰臣秀赖。

如果丰臣秀赖通过放弃丰臣秀吉留下的大阪城等方式表明放弃重振丰臣政权的愿望，或许能够让丰臣家在德川家手下长期存续下去。然而，他没有选择这条道路。

● **如何让德川家的统治名正言顺？** 在日本，让武家政权的正统性得到保障必须依靠传统王权朝廷中的官职。其中，关白和征夷大将军是两个级别最高的官职。这官职跨越了武家内部的主从制度规范，也是绝对的权力所在。

至于哪个官职更好，只要实力充足，无论是关白还是将军皆可。当然，也要考虑政治局势的问题，比如将军职位是否存在空缺，目前是否已经存在关白的继任人选。由此可见，让德川家的统治名正言顺的应该是将军的职位。

将军要想始终保持权威，其前提一定是任命将军的朝廷有相应的权威。如果身处战乱年代，以自己的官职为掩护凭借武力收服周边势力即可。然而，在太平盛世，就要为赋予自己顶尖职位的官职秩序增加威信。

当时，朝廷在任命官职上并没有充分的威信。日本战国时代，天皇让位尚无法顺利进行，天皇宫殿御所更是长期处于荒废状态，最终还是丰臣秀吉恢复了朝廷的秩序。

但是，随后御所中便发生了年轻公家与官女私通的事件（猪熊教利事件），朝廷内的秩序一片混乱。可见，当时的朝廷缺乏作为一个整体组织的自律性与掌控力。

德川家康面临的问题是要重整朝纲，迅速恢复权威，并让其成为任命将军的主体。庆长十八年（1613 年）制定公家众法度、元和元年（1615 年）制定禁中并公家中诸法度就是重整朝廷秩序的重要尝试。虽然这些尝试通常被解释为要将天皇推向学术、文化领域，但其鼓励的是《贞观政要》等强调的政治学说，即要求天皇契合从政者的身份。德川家康知道，要确保德川家的统治名正言顺，朝廷的存在不可或缺。因此，就需要在朝廷中树立起相应的法纪和威信。

Q42　参勤交代是不是以削弱大名财力为目的的制度？

|历史关键点| 中央集权体制塑造江户幕府统治时期的日本社会

● 参勤交代的目的

在江户幕府统治时期，参勤交代是一种表明臣服于掌权者的仪式。参勤原本写作"参觐"。"觐"是指"参见"，即相当于"拜谒"。在中国西周时期，诸侯都要拜谒天子。

可见，"参觐"是指各位大名为了拜谒将军而前往江户，东西大名交替前往江户幕府拜谒称为"交代"。"参觐"的写法改为"参勤"是由于隔年前往江户幕府拜谒是大名的职责所在，因此改为"参勤"也并无不妥之处。

江户幕府参勤交代的原形是丰臣秀吉曾将各位大名召集到京都、伏见，赐予其房屋。德川家康继承了丰臣政权的体例，虽然当时他在伏见城掌管政务，可实际上除了要求各位大名去伏见拜谒之外，还要去江户拜谒。

参勤交代最终以制度的形式确立下来是在宽永十二年（1635年），隶属于第 3 代将军德川家光制定武家诸法度。然而，当时诸位大名早已大举前往江户拜谒，此时只是将已经成型的制度列入法条而已。可以说，这种做法将以往将军与大名独立的关系转变成了一项固定的幕府制度。

● **参勤交代始于何时？**

准确来说，面向德川家族的参勤交代始于大名将其亲属送往江户的举动。

有史记载的第一次大名将其亲属送往江户的举动是在庆长四年（1599 年），当时藤堂高虎将 9 岁的弟弟藤堂正高送往江户。这种事情在当时比较特殊仅此一例，但是丰臣秀吉去世后，这种事件就越来越多了。如，堀秀治将儿子堀利重送往江户，浅野长政将小儿子浅野长重送往江户。再如庆长五年（1600 年），细川忠兴将三儿子细川忠利送往江户。以上这些都是各位大名主动送出人质的举动。

当然也有一些例外，如加贺的前田家是以半强制的形式被迫交出人质的。庆长四年（1599 年），前田利家去世后，继承家业的前田利长听闻有人传言前田家意图谋反，感到十分担忧，于是便将母亲芳春院送往江户。

在关原之战后，此举扩散到全国大名之中。曾任西军主将的毛利辉元也在庆长六年（1601 年）九月，将 7 岁的嫡子毛利秀就作为人质送往江户。此外，也有大名像前田利长一样，直接到江户进行拜访。

当时，江户只不过是德川家的城下町，来到江户的大名都居住在较大的寺院等地。幕府为了给他们提供方便，在江户赠予各位大名宅邸。而为了表示自己的忠心，越来越多的大名开始前往江户拜谒。

规定要求，西国大名从第一年的三月底至四月初要到江户参府，身在江户的东国大名可以利用空闲时间回到本国，次年三月底至四月初东国大名要来到江户，西国大名可以回到本国。这项制度由此起步，并在此后的200多年间一直支撑着德川幕府的统治。

庆长二十年（1615年），丰臣氏在与德川氏的大阪夏之阵后宣告灭亡。接着，各位大名开始竞相前往江户拜谒。大名在江户的住宅也已修建完毕，同时要求以往在各地方国居住的大名妻子、儿女也要来到江户。

宽永十二年（1635年），将军德川家光将修订后的武家诸法度传达给各地大名。其中第二条就是关于参勤交代的规定。

当然，这项体制虽已基本固定下来，但明文公布则具有更为重要的意义。

● 让大名陷入财政困境的真正原因是什么？

参勤交代让大名财政陷入凋敝，有一种说法认为其根本目的就是为让大名陷入贫困。但是，参勤交代只是让大名服从于将军的仪式，大名财政陷入贫困也只是结果的一种呈现形式而已。

从松江藩的情况来看，江户幕府统治后期参勤交代的道中银（路途中的经费)由每次需3200两白银提高到每次需4400两白银，占藩财政的比重只有3%左右。藩财政中占比较大的是发放给家臣的俸禄，占比则为45%。其次是"江户入用"，也就是在江户的生活、交际费用，占比则高达30%。这比实际已在本地的行政经费、基础设施建设费"国元入用"（占比为20%）还要多。

也就是说，让大名财政陷入困境的并不是参勤途中的经费，而是大名在江户的生活花销。当然，这也是由参勤交代客观上引发的，所以如果说参勤交代的本质就是为了让藩财政陷入困境就不太妥当了。

与之相比，大名也通过在江户生活，确立了中央集权的政治体制。后来江户成为日本的首都，并发展为世界上罕见的大都市，这些积极影响显得极为重要。各藩大名在江户生活需要货币，要用船只将年贡米运回大阪，要积极生产特产以获得更多的收入。大名隔年返回地方国又促使江户文化在地方的传播，逐渐形成比较均等的社会形态，在参勤交代的旅途中人们也逐渐完善了沿途街道和住宿设施。

可以说，参勤交代制度塑造了江户时代的日本社会。这些都是形成近代国家的前提条件，可见参勤交代在日本建设近代国家的进程中具有更多的正面意义。

Q43　江户幕府统治时期锁国的实际情况是什么样的？

｜历史关键点｜幕府对外政策的实质

● **江户幕府没有锁国吗？**

众所周知，江户幕府时期是日本锁国的时期。但是，也有一些学者称江户幕府其实并未锁国。这又是怎么回事呢？

岁数大的朋友或许看过和辻哲郎的著作《锁国——日本的悲剧》。至少从那时起，江户幕府统治时期是锁国的时代已经成为常识。

然而，幕府当时也曾在长崎与荷兰、中国展开过贸易往来。不仅如此，还通过对马藩与朝鲜建立了邦交。江户幕府统治时期，每当将军发生更迭时就会有朝鲜通信使访日也是出于这个原因。

这些事实在宣称日本曾经采取过锁国政策时就已经广为人知了。对于这个问题，一些日本历史学家进一步表示，"锁国"的本质在于以下三点：第一，禁止日本人航行到海外；第二，管制贸易；第三，禁止基督教传教。

然而，随着近世日本对外交流史研究的不断推进，以往从日本与欧洲各国关系的角度理解"锁国"的概念，而没有将日本置于东亚体系之中的观点遭到了批判。在这一过程中，有人提出了日本并未锁国的说法。主张这一观点的核心人物是荒野泰典。

荒野泰典原本主要研究方向是江户幕府统治时期的日朝关系史，后来他将研究领域延伸到了日本与琉球的关系、日本与阿伊努族的关系，并提出了"四口"的概念。江户幕府统治时期，日本依托长崎、对马、松前向世界开放，促使多样的物资与文化进入日本。日本绝非处于孤立状态之中。

这种观点明确阐释了江户幕府统治时期的对外关系，因而在日本近世史研究者之中成为主流。

● 从"四口"论看锁国

长崎是江户幕府的直辖地，荷兰船只和中国船只曾在长崎展开贸易也是众所周知的事实。荷兰人在宽永十八年（1641年）登岛，中国人在元禄二年（1689年）开始居住在"唐人屋敷"的区域中。

那时，荷兰商馆的馆长每年都会为表达对通商的谢意专门到访江户幕府表达感激之情。因此，江户幕府统治时期日本人见到荷兰人并不会感到稀奇。进入江户幕府统治中期，兰学蓬勃发展，西方先进的科学技术逐渐被广为接纳。

兰学，指日本江户时代经荷兰人传入日本的学术、文化、技术的总称，字面意思为荷兰学术，引申为西洋学术，简称西学。

对马藩宗氏负责幕府与朝鲜的外交往来，每当将军更迭都会带领朝鲜通信使前来。与此同时，对马藩可以与朝鲜展开贸易，尤其朝鲜人参是日本不可或缺的药品。

江户幕府统治初期，萨摩藩的岛津氏仍然维持着与中国（明、清两朝）的朝贡，将幕府视为"异国"。每当国内发生更替时，他们都会向日本派遣使者。

虾夷地是阿伊努族的土地，松前藩则垄断了与当地的贸易往来。

由此可见，江户幕府统治时期日本"并未锁国"的说法似乎也有一定的说服力。但如果非要将国家完全封闭视为"锁国"，那锁国理论根本就不成立。

● 江户幕府统治时期民众眼中的锁国

那么，以上分析可以看出"锁国"一词本身指的并不是指完全封闭国家，而是用于形容江户幕府统治时期具有限定性的对外关系了。

要准确理解历史脉络，或许我们更应当看作江户幕府统治时期的日本采用了适合被称为"锁国"的制度。

此外，从历史进程来看，嘉永六年（1853年）美国佩里将军在日本登陆促使江户幕府被迫"开国"，由此引发的尊王攘夷运动逐渐兴起，最终导致江户幕府倒台。摒弃"锁国"，实现"开国"为何会引发如此重大的影响，目前还无法做出有力的解释。

建立起真正意义上锁国体制的是第3代将军德川家光。不过当时并未使用"锁国"的说法，恐怕更主要的原因是当时人也没有认识到当时存在锁国的行为。在德川家光主政期间，日本拒绝通商往来的做法只是针对基督教国家西班牙和葡萄牙。但是，江户幕府统治后期，将这种体制称为"锁国"的说法也逐渐得到接受。

这一点在荷兰语翻译志筑忠雄的著作《锁国论》中得到了明确的体现。其中记载道："如今，日本人封锁全国，禁止民众与外国人通商，难道是有什么顾虑吗？"由此可见，"锁国"是江户幕府统治时期的民众称呼江户幕府统治时期体制的说法，与后世学者创造的概念有所不同。

当然，这不只是他的个人观点。18世纪后半期，俄罗斯使节到达虾夷地时，负责接待的松前藩没有将使者来访的情况报告给幕府，而是直接表示："日本可以与别国交易的地点只有长崎一处，

其他地点按照国法一律禁止贸易往来。"我们从这段话中也可以发现，除了以往有交集的国家之外，与其他国家展开接触也会遭到幕府的谴责。

● 走向"锁国"的历程

将军	年份	主要事件
德川家康	庆长九年（1604 年）	启用丝割符制度
德川秀忠（二代）	庆长十二年（1607 年）	朝鲜使节访日
	庆长十四年（1609 年）	荷兰在平户设立商馆
	庆长十六年（1611 年）	允许中国船只在长崎通商
	庆长十七年（1612 年）	发布幕府直属领地内禁止传播基督教的禁令
	庆长十八年（1613 年）	英国在平户设立商馆 发布全国基督教禁令
	庆长十九年（1614 年）	高山右近等人被流放海外
	元和二年（1616 年）	除中国船只以外的外国船只停靠地限制在长崎、平户
	元和八年（1622 年）	发生元和殉教事件（在长崎处死 55 名基督教徒）
	元和九年（1623 年）	英国撤除商馆
	宽永元年（1624 年）	禁止西班牙商船登陆
	宽永六年（1629 年）	在长崎展开踏绘活动
	宽永八年（1631 年）	启用奉书船制度
	宽永十年（1633 年）	禁止奉书船以外的船只前往海外
德川家光（三代）	宽永十一年（1634 年）	限制与海外的往来和通商（在长崎建设出岛）
	宽永十二年（1635 年）	禁止日本人前往海外、归国
	宽永十三年（1636 年）	将葡萄牙人转移到出岛。流放葡萄牙混血人
	宽永十四年（1637 年）	岛原、天草一揆（至 1638 年）
	宽永十六年（1639 年）	禁止葡萄牙商船登陆
	宽永十八年（1641 年）	将荷兰商馆转移至出岛

荷兰国王得知美国计划向日本派遣使节后，便劝告日本"开国"，并表示封锁本国，拒绝与别国交往的做法很难得到他国欣赏。

从上述事实来看，历史词语"锁国"如今仍然是一个有限的概念。问题在于，"锁国"可能会被误解为日本完全不与国外开展往来。

研究人员围绕"锁国"一词产生的观点对立，并非源于对事实的认知有所不同，而是在于如何解释同一个事实的问题。

文化元年（1804年），江户幕府向俄国使节雷扎诺夫做出回应，表示幕府的通信仅限于朝鲜等地，通商仅限于荷兰、中国，新规禁止与外国往来，遵循的是祖宗之法。可见，将"锁国"定义为祖法，是这一时代的独有观念。

Q44 浅野长矩为什么要引发刀伤事件？

| 历史关键点 | 江户幕府统治时期武士的颜面与诟病的重量

⬤ **现场证词** 浅野长矩（别名浅野内匠头）在江户城松之走廊砍伤吉良义央（别名吉良上野介）的时间是在元禄十四年（1701年）三月十四日。那天是朝廷派出的使节敕使、院使向将军辞别的日子。浅野长矩为什么要引发刀伤事件呢？据当时正与吉良义央谈话的留守居番梶川与惣兵卫（赖照）回忆，浅野长矩先是说："你还记得之前的遗恨吗？"然后便从吉良义央的背后一刀砍下。

居番梶川立即上前揪打，周围的人也一拥而上。被大家捆住的浅野长矩仍然不断表示："我之前和吉良义央有恩怨，即便身在藩主殿中，我也必须要出这口气。"

浅野长矩所说的"之前"应当是指其担任敕使飨应役（江户幕府统治时期的幕府为了接待天皇、上皇、皇后派到江户的使者而设的官职）时，在工作中与吉良结下的恩怨。

浅野长矩切腹之前向家臣表示，"此事本应提前告知你们，但

显然，刀伤事件是由浅野长矩对吉良义央怀恨在心而引发的。

是今天有不得已的情况，未能及时与你们商量。你们可能也会觉得不可思议吧。"从他所说的"今天有不得已的情况"可以看出，当天又出现了新的情况才导致浅野长矩引发了刀伤事件。

另一方面，吉良义央则表示从未与浅野长矩产生过恩怨。因为如果他承认双方产生过恩怨，会陷自己于不义，他这样说也理所当然。

浅野长矩当时的心境在史料《堀部弥兵卫金丸私记》中得到了展现。堀部弥兵卫记录了整个事件的经过，对于砍伤的原因他是这样解释的。

在传奏御屋敷中，吉良义央曾多次恶语相向，而浅野长矩又十分看重御役仪，始终在保持忍耐。后来，吉良义央在殿中当着众人面出言不逊，表示武士道没有前途。浅野长矩想到，如果放任不管就会成为永远的羞耻，于是才砍伤了吉良义央。

在江户城大手门外的传奏御屋敷是敕使、院使的住宿地。当时担任敕使飨应役的内匠头在这间房屋内准备飨应。据民间传言，在仪式举行前吉良义央突然表示要更换榻榻米，用人连夜赶工才最终完成。虽然这种说法缺乏史料依据，但是吉良义央多次针对准备工作批评浅野长矩似乎也是事实。

最终，起到决定性影响的是吉良义央在众人面前恶语相向，说出武士道没有前途的话。这件事或许正是在砍伤事件当天发生的。

● 流传于世的传言

事件发生后，据称依据真实史料撰写的《江赤见闻记》是这样记载的。

吉良义央贪欲极强，在他身边工作的人都要提前向他贡奉礼品，甚至这种做法还流传到了喜六、政右卫门、御用人等人之中，御用人也常常提起此事。浅野长矩则表示，如果要在办完事之后送礼，送多少都可以，但是要提前送礼，他很难接受这样的要求。从这里可以看出，通常礼品都是要在事前贡奉的。

当然，这只是传言而已。在这里，喜六是建部喜六、政右卫门是近藤政右卫门，他们都是参与这场礼品交易的江户留守居役。发生砍伤事件的原因在于浅野长矩没有向吉良义央提供足够的贿赂，因而吉良义央经常有事没事就呵斥他，由此他才产生怨恨情绪。

吉良义央官位很高，是从四位上少将，然而俸禄只有5000石，因此他向大名面授机宜时收取礼品是再正常不过的了。浅野长矩也贡奉了正常的礼品，但是没有另行赠送特殊礼品。因此，不仅是江户留守居役很担心他，就连仅次于江户家老的御用人也同样十分担忧。

尾张藩士朝日重章也在日记《鹦鹉笼中记》中讲述了同样的经过。日记中提到，吉良义央贪欲强是众所周知的事实。特别是在砍伤事件当天，吉良义央还在老中（幕府官职，将军直属负责统领全国政务的官）面前提出："此次浅野长矩办事不周，做事毫无主张，让公家众人深感不快。"

● 刀伤事件意在树立武士道的形象

依据对上述史料的考察可以得知，浅野长矩此前一直在忍耐。由于当天吉良义央在众人面前批评武士道没有前途，因此才会引发砍伤事件。

浅野长矩会为了此等小事不惜牺牲自己的性命和赤穗5万石家产吗？从当时武士所处的时代背景来看，这种可能性是很大的。

如果普通武士对此置之不理，就会被视为胆小无能，甚至可能还要切腹谢罪。

对武士而言，一旦遭受外界批评，无论真伪，都要竭尽全力让对方收回言论。

生于同一时代的佐贺藩士山本常朝在《叶隐》中指出，一旦遭受诟病就要当场以牙还牙。如果不能做到这一点，从城中离去时就会对目付①说，自己之所以能忍住不发作，是因为在大殿上有所顾忌。到幕末时期，仍然会有武士在大殿上遭人诟病后回家切腹自尽。因为他就认为，自己就丧失了作为武士的颜面。

浅野长矩在众人面前遭到批评，离席后仍然愤愤难平，他认为如果就此作罢会导致自己的武士道丧失威信。因此，在特意找到吉良义央，用武士道的方式声讨吉良义央，并用刀砍伤了他。他应该早已想到，这种做法的后果不仅会让自己丧命，还会令赤穗藩断绝后代。然而，作为武士，这也是他不得已的做法。

但是，这种武士道的作为不是大名必须要践行的。自己遭受批评也不过是工作中的事，与武士道无关。但是，浅野长矩未经深思熟虑，将这种批判上升到了在批评武士道没有前途的高度。因此，之后46名赤穗藩士就必须要前去讨伐吉良义央。

虽然浅野长矩的想法有一定的问题，但是他并非冲动行事。可以肯定的是，他的行为是建立在武士道精神基础上的。

Q45　江户三大改革与田沼政治的区别是什么？

| 历史关键点 | 是否已表明要展开"改革"？

● "三大改革"有成效吗？

江户幕府统治时期的历史中，"三大改革"（即享保改革、宽政改革、天保改革）在幕府政治中具有划时代的重要意义。享保

---

① 目付是江户时代的官职，主要职责是监视家臣的行动。——译者注

改革由第 8 代将军德川吉宗主持，宽政改革由德川吉宗的孙子老中松平定信主持，天保改革由老中水野忠邦主持。由于将军将其均宣称为改革，因而这三场次变化定义为改革。

其中，享保改革旨在重建濒临崩溃的幕府财政体制。在这场改革中，诞生了赋予幕府官僚体制特色的足高制。这项制度按照职务规定了石高（俸禄），家禄较少的旗本在职期间会为其补足差额，以积极促进人才选用工作。后文为大家展示了各职位的俸禄一览，供各位读者参考。

而宽政改革意在改变田沼意次主政时存在的政治缺陷——贿赂政治。通过强制武士节约来整肃武士的纪律。此外，由于当时的政权是在天明时期市民起义后形成的，因此在江户建立了命令节约町内花费的“七分积金”制度，用于在发生灾害时救济贫民。地方为了防范饥荒修建了社仓和义仓，采取了围米等社会政策。

最后一个天保改革则是为了应对外界危机，这场改革主要意在加强幕府的权力。当时，中英鸦片战争刚刚结束，中国落败的消息让日本大为震惊。所以幕府决定改革，并希望通过更换川越、庄内、长岗三藩的领地，让江户、大阪周边的土地成为幕府直辖的领地，从而加强海防，实现财政稳定。然而，当时大名的领地已经成为既得利益被固定下来，所以这种政策很难得到落实。

三大改革中，只有享保改革基本取得了成功，且在之后建立起幕府的基本制度。宽政改革则因松平定信倒台而中途破产，但这场改革创立的七分积金制度，也有其成功之处。最后进行的天保改革最不成功，因为在仅仅两年间就因水野忠邦离开老中之位而彻底失败。

● 俸禄一览

职位名称	俸　禄	职　责
大番头	5000 石	掌管将军直属军团之一大番
书院番头	4000 石	掌管将军直属军团之一书院番
小姓组番头	4000 石	掌管将军直属军团之一小姓组
新番头	2000 石	掌管将军直属军团之一新番
小十人头	1000 石	掌管将军直属军团之一小十人组
留守居	5000 石	监管江户城中的大奥向、广敷向
大目付	3000 石	负责监察各位大名、传达法律法规
町奉行	3000 石	江户町奉行所的长官
勘定奉行	3000 石	江户幕府勘定所的长官
普请奉行	2000 石	负责江户城内外土木工程相关工作
作事奉行	2000 石	负责江户城内外殿舍建筑相关工作
小普请奉行	2000 石	负责江户城内外殿舍杂物工程
小普请支配	3000 石	负责管理小普请
长崎奉行	2500 石	位于长崎的远国奉行，在远国奉行中居于首位
京都町奉行	1500 石	位于京都的远国奉行
大阪町奉行	1500 石	位于大阪的远国奉行
下田奉行	1000 石	位于开港城市下田的远国奉行
浦贺奉行	2000 石	位于浦贺的远国奉行
骏府町奉行	1000 石	位于骏府的远国奉行
伏见奉行	3000 俵[①]	位于伏见的远国奉行

续　表

日光奉行	2000 石	位于日光山的远国奉行
山田奉行	1000 石	位于伊势神宫门前町宇治山田的远国奉行
奈良奉行	1000 石	位于奈良的远国奉行
堺奉行	1000 石	位于堺的远国奉行
佐渡奉行	1000 石	位于佐渡的远国奉行
箱馆奉行	2000 石	位于箱馆的远国奉行
新潟奉行	1000 石	位于新潟的远国奉行
兵库奉行	1000 石	为了实现兵库开港而设立的远国奉行
神奈川奉行	2000 石	为了实现神奈川开港而设立的远国奉行
先手头	1500 石	指挥携带弓、火枪的捕吏、步兵组成的先手组
目付	1000 石	负责监察旗本及御家人、指挥殿内仪式
使番	1000 石	接收将军指令派往各地
徒头	1000 石	负责掌管百姓
大番组头	600 石	大番组中仅次于番头
书院番组头	1000 石	书院番中仅次于番头
小姓组头	1000 石	小姓组中仅次于番头
新番组头	600 石	新番中仅次于番头
小十人组头	300 俵	小十人组中仅次于番头
勘定吟味役	500 石	江户幕府勘定所的审计人员
奥右笔组头	400 俵	作为老中的书记官，从事文书编写工作
表右笔组头	300 俵	从事将军文书编写工作

① 俵：日本的计量单位，1 俵就是用稻草捆成的一包。

享保改革
(1716—1745年)

第8代将军吉宗的改革 → 将军亲自重建幕府财政体制
［主要改革内容］
· 鼓励开发新田
· 足高制（任用人才、节约经费）
· 颁布节约令
· 设立意见征集箱
· 建造小石川招待所

田沼政治
(1772—1786年)

老中田沼意次的改革 → 激发商业、产业的活力
［主要改革内容］
· 推广转卖制度
· 积极承认株仲间
· 放宽对长崎贸易的限制
· 计划开发虾夷地

宽政改革
(1787—1793年)

老中松平定信改革 → 重塑风气，复兴农村
［主要改革内容］
· 设立七分积金制度
· 旧里归农令（限制外出务工）
· 在石川岛上设立职业介绍所
· 发布节约令

天保改革
(1841—1843年)

水野忠邦改革 → 意图加强幕府的权力
［主要改革内容］
· 解散株仲间
· 返乡法（强制命令农民返回农村）
· 上知（地）令（将江户、大阪周边作为幕府的直辖领地→撤回）

● 正德之治与田沼政治为什么没有被称为"改革"？

为正德之治。

第6、7两代将军德川家宣、德川家继主政时期，真正执政的是新井白石。由于当时也展开了诸多改革，因此取其年号，称之为正德之治。

但是，由于将军没有明确表示这是一场改革，因而也就没有被后世称为正德改革。

新井白石的执政风格有很强烈的复古色彩，尊重天皇意愿的做法也得到了日本明治时期历史学家的好评。而且，正是他开始使用代表理想政治形态的词语"治"。

田沼意次执政期间，开展长崎贸易改革并有志于开发虾夷地的意义重大，所以应该称之为改革。这是由于当时社会乱象横生，贿赂横行，甚至都没有展开治理，因而只是被称为田沼政治。

不过，由于将军也没有明确表示这是一场改革，因此只能被称为田沼政治而已。

大阪之役发生后，江户幕府统治时期再也没有发生过动用武力的政治抗争。直至第3代将军德川家光继任后，才开始采取过严厉的措施，命令弟弟德川忠长自尽、命令年寄（相当于老中）本多正纯改易。在这里，改易是一种对武士的惩罚，比切腹轻，比蛰居重。受改易惩罚者，即免去武士的称号降为平民，并没收其领地、房产和家禄。此后，即便从政不力也不过是采取了革职、收回领地的措施。在这方面，江户统治时期与镰仓、室町等中世社会大相径庭。由此可见，武家政权已经逐渐走向成熟。

Q46　大奥女中过着怎样的生活？

|历史关键点|世所罕见的纯女性运营机构

● 大奥支持着将军家的正室

相信大家一定都听过大奥这个称呼，那么大奥到底是指什么呢？原则上，大奥禁止除了将军之外的任何男性进入。然而，把大奥视为将军的后宫也并不准确。我们可以认为大奥是为将军及其正室御台所的生活提供服务的部门。

大奥的最重要职责就是培育将军的后代，因此将军在大奥的生活之重要性不言自明。然而，除了将军的女性伴侣外，在大奥中承担办事职能、在其中工作的大量有幕府职务身份的女性也尤为重要。

大奥的主人是御台所。原则上，之友公家中级别最高的摄家（近卫、鹰司、九条、二条、一条）或者宫家（伏见宫家、闲院宫家、有栖川宫家）女子才能嫁入将军家。

但也有例外，如第 7 代将军德川家继和第 14 代将军德川家茂都娶了天皇家的内亲王。这与当时的政治形势有着密切的关系：德川家继成为将军时年仅 5 岁，需要树立权威；德川家茂此举则是为了在尊王攘夷运动中树立幕府与朝廷融为一体的形象。

再如第 11 代将军德川家齐和第 13 代将军德川家定从萨摩藩岛津家迎娶了正室。不过，他们的正室通过成为近卫家的养女，遵循了以往的原则。

岛津家第五代藩主岛津继丰迎娶第 5 代将军德川纲吉的养女竹姬，从而与将军成为亲戚。而且，将军家族中的御三卿一桥家迎娶了第 8 代藩主岛津重豪的女儿茂姬。茂姬的丈夫一桥丰千代则成为第 10 代将军德川家治的养君（应当成为将军的养子），进而登位成为第 11 代将军德川家齐。可以说，这一切都事出偶然。

第 13 代将军德川家定最初从鹰司家迎娶了正室任子。后来，任子因身患天花离世。他的下一任妻子一条家的姬君秀子也在不久后去世。因此，在大奥中侍奉茂姬的女中（即女官）积极活动，将岛津家一门中岛津忠刚的女儿作为藩主世子岛津齐彬的亲生后代，成为家定的第三位正室。这便是日本放送协会（NHK）大河剧中的一位主人公笃姬。

● **大奥的组织结构与女中的目标**　负责管辖大奥的是男性官员留守居，其实大奥的运转主要依靠大奥中的年寄（老女，相当于幕府的老中，主理大奥一切事务，自中年寄以下所有女中归其管辖）来维系。在那个时代，仅凭女性之力就能运营如此大规模的机构实属罕见，由此也体现了日本女性高超的管理能力。

大奥年寄下面还有御客会释（负责接待来访时御三家、御三卿的女眷）、中年寄（御年寄的代理人）、表使（负责采购大奥所需物品）、御祐笔（负责文书记录、检查贡品）、御锭口（负责看守御铃廊，并传达中奥方面的消息）、吴服之间（负责缝制大奥中各人的衣服）等职务，这些人负责与将军亲属中大名家的内宅展开交际，还要承担大奥内的采购、大奥女中的监管、将军和御台所的吴服制作等工作。除此外，负责照顾将军、御台所起居的是御中﨟，御次等人负责歌舞、乐曲等娱乐活动。

另外，我们前面提到的年寄坐在大奥中名为千岛之间的房间中，完全不会外出工作，只接受女中的咨询，并逐一做出指示。年寄的地位等同于幕府阁僚中的老中，经常会被邀请到御三家等大名的家中，接受他们在政治上的诉求。

传说，第12代将军德川家庆统治时期的年寄姊小路曾与德川家庆发生过关系。虽然此事真伪不明，但是主导天保改革的老中水野忠邦请求削减大奥经费时，家庆曾反驳道："大奥女中已舍弃人

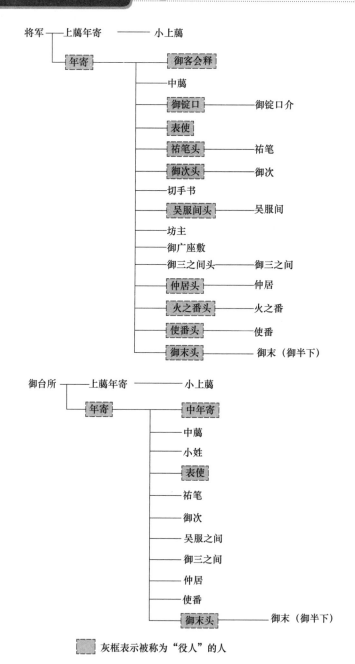

大奥内的女中职级

将军 —— 上臈年寄 —— 小上臈
　　　　年寄 —— 御客会释
　　　　　　　—— 中臈
　　　　　　　—— 御锭口 —— 御锭口介
　　　　　　　—— 表使
　　　　　　　—— 祐笔头 —— 祐笔
　　　　　　　—— 御次头 —— 御次
　　　　　　　—— 切手书
　　　　　　　—— 吴服间头 —— 吴服间
　　　　　　　—— 坊主
　　　　　　　—— 御广座敷
　　　　　　　—— 御三之间头 —— 御三之间
　　　　　　　—— 仲居头 —— 仲居
　　　　　　　—— 火之番头 —— 火之番
　　　　　　　—— 使番头 —— 使番
　　　　　　　—— 御末头 —— 御末（御半下）

御台所 —— 上臈年寄 —— 小上臈
　　　　　年寄 —— 中年寄
　　　　　　　—— 中臈
　　　　　　　—— 小姓
　　　　　　　—— 表使
　　　　　　　—— 祐笔
　　　　　　　—— 御次
　　　　　　　—— 吴服之间
　　　　　　　—— 御三之间
　　　　　　　—— 仲居
　　　　　　　—— 使番
　　　　　　　—— 御末头 —— 御末（御半下）

▨ 灰框表示被称为"役人"的人

公家的女儿	上﨟年寄	地位最高，但没有实权，御台所的聊天对象，一生奉公
	小上﨟	上﨟的预备人选
旗本的女儿	年寄（老女）	负责统管整个大奥的最高掌权者人，地位能与朝廷中的老中匹敌
	御客会释	将军随从，是年寄的助手，负责接待御三家、御三卿、诸位大名的女使
	中年寄	御台所随从，年寄的助手，负责制定御台所的菜单，也负责试毒
	中﨟	负责在将军、御台所身边照顾起居，将军随从中会产生侧室
	小姓	御台所身边的杂役，多为 7 岁至 16 岁的少女
	御锭口	掌管"上之御锭口"，负责与中奥联络
	表使	掌管与大名的内室往来、与大奥男性官员联络的"下之御锭口"，按照年寄的指示掌管大奥的物品采购工作
	祐笔	负责撰写日记、给诸侯的传书、给大名家的书信
	御次	掌管大奥的物料，负责打扫对面所等地，安排侍女
	切手书	监管从"七之口"出入的女中家属
	吴服间	负责将军、御台所的服装制作、缝纫工作
	坊主	在剃发的将军身边负责处理杂务，负责大奥与中奥之间的联络事宜，且只有坊主能奉将军之命，进出中奥
	御广座敷	表使的助手，负责照料御三卿、各位大名女使的膳食
	御三之间	初入大奥时担任的职务，负责打扫御三之间以上的居室、运送沐浴用水，在年寄、中年寄、御客会释、中﨟诘所处理杂务
御家人、町人、农民的女儿	仲居	在御膳所负责所有饭菜的烹饪
	火之番	全天在各局、女中房间巡逻，提醒注意用火
	使番	表使的助手，负责"下御锭口"的开关，与御广敷用人接洽
	御末（御半下）	运送清扫、洗浴、御膳所需的水源等，负责所有杂务的婢女

*摘自山本博文著《大奥秘史》

类正常的欲望，在吃穿上有些许奢侈有什么问题吗？"之后又反问了水野忠邦有多少侧室，水野忠邦不得不退下。

大奥女中内，谒见可的女中都是从旗本的女儿中选出的。她们最初要在谒见不可的御三之间开始工作，她们晋升的路线有两种：一种是先成为祐笔，再成为表使，走官员路线；第二种是先成为御次，再被将军看中，成为御中臈。即便能依靠将军成为御中臈，如果没有诞下子嗣，晋升之路也会就此断绝。如果能生下男孩，并且能让其成为将军，就能以将军生母的身份进入将军家族。

而谒见不可的女中一般都是从御家人、江户的商人以及江户周边富足的农户中选出的女子。对于她们而言，能在这里工作是接触上流阶层生活的良机。但也有一些女子只是希望能结下良缘而已，然后便彻底离开大奥。

● **谒见不可的女中也有侍仆！**

当然，大奥女中内一定有人要负责打水等底层杂务。这些女子一般居住在与大奥相隔一个过栏的集体宿舍长局，每天早上她们会前往自己所属的大奥房间。

年寄房中通常会有 10 多位女中。她们负责准备年寄的食物，照顾起居。谒见可的女中按照身份的不同，身边会有数位女中侍奉。即便是谒见不可的侍女，由于她们也要经过从长局到御殿的外走廊，因此也会有侍仆为她们提鞋。

大奥内部会举行多种节庆活动。上巳节（就是三月初三女儿节）期间，会在御座之间和御休息之间放上足有 12 层高的人形玩偶，获准参观者可以进入大奥。端午节期间会赏赐柏饼，七夕节期间则会摆放叶竹，在上面捆上写有愿望的纸签。除此之外，嘉祥节（六

月十六日，祈祷身体健康）会赏赐点心、年糕，重阳节会赏赐菜肴
和酒，玄猪节（十月亥日，祈求丰收）会赏赐类似年糕的日本饼。

据说，当时还有一项活动，就是邀请新加入的女中赤身裸体跳
新参舞。这是由于当时有的女中会刺青，举行这样的活动是为了欣
赏她们的刺青。其实，只不过是谒见不可的女中在突破常规，营造
热闹的气氛。至于是否会赤身裸体，相信只是传说而已。

在七月十日举行的四万六千日（观音菩萨缘日）活动中，下级
女中火之番的居所中会摆放观音菩萨像，走廊上还设有商店。按照
习俗，店内的老人们会告诉前来祈福的新晋女中当天可以临时休假
回家，当然只是善意的谎言而已。这种活动会为平日里枯燥无味的
大奥工作增添了一些乐趣。

● **还发放年金、离职补贴！**

大奥女中的工钱如下。

年寄的每年俸禄是 50 两银钱，补助有
80 两银钱。如果按照 1 两银钱可以换算成 12
万日元，则相当于今天的 1560 万日元。除此之外，还会发放十人
扶持、油、柴火等补贴，并分配房屋。

表使可以每年俸禄是 8 两银钱，补助有 30 两银钱，约合现在
的 456 万日元。此外还会发放三人扶持、油、柴火等补贴，并分配
房屋。在这个岗位上工作，外界会有很多人给她们送礼，总收入至
少有 700 万日元。

大奥的俸禄每年分 3 次发放，年末御台所还会给下级发放服
装等。

在大奥中，年老者还可以享受年金赏赐制度。嘉永七年（1854
年），老中阿部正弘下发通告称：连续工作 40 年以上的女中，会

为其终身发放禄米或者大量补助与扶持资金，为连续工作 30 年以上的女中发放年金时，会提前发放当年和次年的份额。

对于旗本的女儿而言，大奥更像是她们实现独立生活的职场。

Q47 佩里为什么会来日本？

| 历史关键点 | 东亚逐渐成为贸易伙伴

● **佩里访日的背景是什么？**

弘化三年至嘉永元年间（1846—1848 年），美国在墨西哥战争中取胜并获得了加利福尼亚地区。接着，已经获得太平洋沿岸领土的美国，开始向东亚伸出了它的魔爪。

那时，美国正在经历纺织业的工业革命。同时，清朝因签署《望厦条约》进一步打开国门，美国便期待自身生产的棉纺织品能打开销路，于是将开设太平洋航线提上日程。

当时的蒸汽船需要大量的燃料，而日本所处的地方正是最佳的煤炭补给基地。另外，美国捕鲸业十分发达，主要是为了提取鲸油用于灯火，许多捕鲸船都在北太平洋活动。捕鲸船时常会遇到海难，因此也需要补给基地。

以上这些也正是促使佩里选择来日本的主要原因。当时日本早已闭关锁国是众所周知的事实。然而，从美国的角度来看，既然日本能与荷兰通商，就没有理由拒绝其他国家提出的通商要求。

时任美国总统的菲尔莫尔任命在墨西哥战争中声名大振的马休·佩里提督为特命全权公使，力求促使日本开国。

● **佩里曾意图占领琉球**

佩里于宽政六年（1794 年）出生于美国罗得岛州的新港。他的家庭是海军世家，他的父亲和哥哥都是海军军人。

他曾在非洲西海岸和地中海驻扎，天保四年（1833 年）被分

配到布鲁克林的海军工厂。天保八年（1837 年），他主持建造了
美国第一艘蒸汽军舰，并成为首任舰长，因而他被人们称为"蒸汽
海军之父"。当时 59 岁的佩里是美国海军中首屈一指的功臣。

嘉永五年（1852 年）十一月二十四日，佩里乘坐密西西比号
蒸汽船从美国东海岸詹姆斯河河口的诺福克海军基地启程。

然后，佩里途经好望角、毛里求斯岛、斯里兰卡到达了新加
坡。在新加坡，佩里的密西西比号仅储备了一周的煤炭。因此，顺
风时也要扬帆航行。嘉永六年（1853 年）四月七日，佩里到达中国
香港。接下来，他们在中国香港与运输船萨普莱依号会合，在中国
上海与萨斯奎哈纳号会合。由此，佩里舰队的阵容逐渐强大起来。

嘉永六年（1853 年）四月十九日（公历 5 月 26 日）傍晚，由
萨斯奎哈纳号领航，佩里的密西西比号与萨拉托加号一同进入琉球
那霸。

佩里早已得知琉球在日本萨摩藩领主的统治之下。所以他与琉
球的萨摩藩领主商定，舰队所需的物资将会从琉球购买。

离开琉球后，佩里先是对小笠原诸岛进行了侦查，之后再次返
回琉球。佩里曾设想如果他有足够的权限，就应该占领琉球和小笠
原诸岛。假如当时日本拒绝了开国，他当时就极有可能占领琉球。

尽管如此，仍然选择停靠在琉球的港口，是为了探知日本的虚实，进而寻找促使日本开国的机会。

● **佩里访
日前夜，日本与
荷兰展开磋商**　　同年五月二十六日（公历 7 月 2 日），
佩里从那霸出发，前往日本本土。原本佩里
的舰队将会有 13 艘船一同到达，然而剩余
的船只都因故延迟，佩里舰队便只有萨斯奎哈纳号、密西西比号、
萨拉托加号和普利茅斯号 4 艘船只可用。虽然这支拥有 4 艘船的舰
队足以震撼日本，但佩里还是带着对美国的不满前往日本的。

不过，对于日本的江户幕府而言，佩里在日本登陆也并不是什么晴天霹雳的大事。

这是因为，在之前荷兰已经得知美国要向日本派遣特使，立刻便将此事告知日本，同时还劝说日本主动打开国门。嘉永五年（1852 年）六月，进入长崎港口的荷兰商馆馆长卡尔裘斯通过《别段风说书》（《别段风说书》亦称《特别风说书》，是长崎通词们根据外国商人口述或摘译外国报纸上的新闻，在风说役的下属机构"洋书调所"汇总编译而成）得知，美国舰队将于次年三月访问日本，将会请求开启通商。长崎奉行[①]听到卡尔裘斯的建议后，马上请求幕府将此事提到议事日程之上。

接到长崎奉行的报告后，幕阁做出了相应的公文指示。公文中认为坚持锁国政策可能会引发战争，不如在美国船只登陆日本之前，先与荷兰签订条约，采取和平的方式开国，因此希望先与由经验丰富的卡尔裘斯开展商议。

卡尔裘斯应长崎奉行的要求，提交了《日兰条约》的草案。然而，长崎奉行无权就这份草案展开谈判，便向幕府进行了汇报。

幕府内部接到卡尔裘斯带来的重要信息，认识到需要采取相应的对策。幕府便将审议工作交给了从勘定方和目付中选出的海防挂。

海防挂很难判断信息的真假，因此回复称需要等长崎奉行返回江户。十一月，长崎奉行返回江户后，报告称荷兰是想坐收渔翁之利，美国船应该不会来到日本。然而，这只是他个人的期望。最终的结果就是导致幕府在佩里真正到来之前未能采取任何对策。

---

① 奉行是江户幕府时期的主要职位，共分四类，即寺社奉行，勘定奉行、町奉行和远国奉行，主要用来佐理政务。——译者注

● **佩里最终到达浦贺冲**

嘉永六年（1853 年）六月三日下午两点左右，浦贺奉行所（位于日本神奈川县横须贺市）得知有他国船只来到日本。没过多久，由萨斯奎哈纳号领航的 4 艘佩里舰队船只便出现在了浦贺冲。当时，浦贺奉行户田氏荣带领的与力①、同心②共 60 余人刚刚在久里浜进行过大炮演习。

佩里在浦贺冲抛锚。当天原本雾气很重，无法看到海岸线。但是，抛锚的时候，天气放晴，甚至远处的富士山都能够看得一清二楚。

浦贺奉行所与力中岛三郎助与其他与力、同心以及通词堀达之助等人一同乘坐一号御用船，驶向佩里舰队。船只接近旗舰萨斯奎哈纳号之后，他们用荷兰语询问了船只所属的国籍和来访目的。

负责对话的翻译波特曼回答道，这是美利坚合众国的船只，是来将总统的亲笔信呈交给日本天皇的。同时还表示他们只希望与日本国的高官对话。

中岛三郎助称自己是浦贺副奉行，提出登船后可以与美方副官会面。佩里便同意中岛三郎助和通词堀达之助登船，并命令副官康第大尉与他们对话。

康第要求要向日本国高官递交总统的亲笔信。中岛三郎助要求其航行到长崎，交给长崎奉行即可。然而，康第表示这是本国政府的命令，绝对不会去长崎。无奈之下，中岛三郎助只好表示将向奉行禀告，并约定明天会再次到访，之后就下船离开了。

---

① 　与力是奉行下的一个职务，主要用于协助町奉行，执行行政，警备任务。——译者注
② 　同心是与力之下的一个职务，协助与力做事。很多足轻同时也是同心。——译者注

第二天清晨，浦贺奉行所与力香山荣左卫门自称浦贺奉行，与中岛三郎助和通词堀达之助一同登上萨斯奎哈纳号。佩里命令布坎南中校等人接见。

香山荣左卫门表示无法在浦贺接收总统亲笔信，即便要接收，回复也会送到长崎。然而，佩里让他们必须回答，美方只是想在浦贺亲手递交，如果不派政府高官前来，他们就要强行递交亲笔信。

香山荣左卫门只得表示，还要请江户方面做出指示，于是便下船了。接着浦贺奉行所将佩里的要求告知了江户方面。

佩里认为依靠军事力量施压能够奏效，于是将测量船派往江户内海，命令密西西比号进行护卫。佩里的方针果然奏效了，江户幕府深感恐惧，于是决定接收佩里带来的总统亲笔信。

● **总统亲笔信接收仪式破坏"祖法"** 六月九日（公历7月14日）在久里浜（位于今日本神奈川县横须贺市久里滨）举行了总统亲笔信接收仪式。

佩里带领由 300 人组成的登陆部队整装待发，然后乘坐 15 艘小快艇驶向久里浜。日本方面数千名士兵整齐列队，军乐队奏响乐曲，佩里等人走进了专门为当天举行仪式修建的建筑。

负责与佩里接洽的人是浦贺奉行户田氏荣，他谎称自己是"帝国最高顾问"，称自己名为"Prince of Izu"。户田氏荣当时的职位是伊豆守，谎称为幕府高官也是上面授意。原因是老中们不愿意与佩里近距离接触。

曾谎称自己是浦贺奉行的与力香山荣左卫门，面对充满怀疑的佩里交出了证明。当时在江户的浦贺奉行井户弘道（岩见守）也在久里浜辅助户田。佩里在日记中将户田氏荣记录为"帝国最高顾问"，将井户弘道记录为"顾问助理"。

佩里亲手递交了总统亲笔信、自己的国书和佩里自己书写的 3 封信，即总共 5 封书信。另外还有这些文件的荷兰语译文与中文译文。户田氏荣将接收证明交给了佩里。总统亲笔信与佩里国书放在长为 12 英尺左右的紫檀盒子中，盒子上的锁和合页等零部件都是纯金制成的。当时双方一致同意不再展开深入交流后，佩里便直接返回了船上。

最终，佩里突破了江户幕府的"祖法"，在长崎以外的地点，而且是在距离江户非常近的久里浜递交了美国总统的亲笔信。

Q48　为什么井伊直弼会在樱田门外遭到暗杀？

│历史关键点│与极力抗拒开国的天皇展开交锋

● 井伊直弼的果断处置　　安政五年（1858 年）二月五日，老中堀田正睦上洛。孝明天皇及中下级公家强烈反对签订《日美友好通商条约》，他也只得无功而返。

在第 13 代将军德川家定的安排下，四月二十三日，彦根藩主、当时担任溜诘的井伊直弼就任大老。

在当时，大老并不是常设职务，通常会有一位前任老中担任首席职位，地位相当于现在的日本首相。以往，大老都是由谱代大名中家室地位最高的井伊家之主担任，也就是说其只是名誉职务而已。

不过，井伊直弼作为将军的代理人是有指挥老中主导政治、任免老中的权限的。当时日本不仅面临着深重的外部危机，还存在着将军继嗣告急的问题，井伊直弼成为大老，的确是最为正确的选择。正是他充分运用大老潜在的权力，制定出了正确的政策。

六月十九日，井伊直弼命令全权委员下田奉行井上清直和目付岩濑忠震与美国总领事哈里斯签订条约。

井伊直弼在条约签订两天后，又罢免了堀田正睦和松平忠固两位老中。取而代之的是太田资始、间部诠胜和松平乘全 3 人。这 3 人都曾经担任过老中。可见这也是一种突破常规的人事安排。

六月二十四日，尾张藩主德川庆恕（庆胜）、隐居在水户藩的德川齐昭、水户藩主德川庆笃违规登城（在规定的登城日以外未经许可登城），谴责签署条约是违背皇命的罪行，要求福井藩主松平庆永（春岳）成为大老，继而还要加强江户幕府的管控。这项要求提出让松平庆永担任大老，暗中表明还要让一桥庆喜成为将军继嗣。松平庆永在之后也违规登城，由于他的座位与其他人不同，未能与德川齐昭等人同坐。

虽然当时没有对外公布，但是幕府内部已经确定了要让德川庆福（家茂）成为将军继嗣。井伊直弼表示，签署条约是不得已的行为，然后把这些人赶走了事。

第二天他正式对外公布，遵照将军德川家定的意愿，让德川庆福成为将军继嗣。并以违规登城为由，于七月五日命令德川齐昭反省，德川庆恕与宋平庆永隐居。这也是大老首次对御三家做出处罚。同时，命令一桥庆喜暂时禁止登城，第二天也命令德川庆笃暂时禁止登城。

同时也催促亲幕府的太阁鹰司政通、关白九条尚忠引退。同时他还向水户藩寄出文书，批评其未经幕府许可签署条约，表明自己即将让位，以表示对将军继嗣和幕府人事安排等的不满。这封文书就是后来导致安政大狱发生的戊午密敕（敕即天皇发出的文书）。

● "戊午密敕"导致"安政大狱"发生

孝明天皇得知条约已经签署，勃然大怒。天皇表明将立即让位，以示抗议。

朝廷直接向藩发出敕书的举动在之前的历史上前所未有。井伊直弼身负幕府重任，不可能无视天皇的这种举动。于是，井伊直弼便派京都所司代酒井忠义前往京都。

小浜藩主酒井忠义曾在天保十四年至嘉永三年（1843—1850年）担任京都所司代理，然后又在安政五年（1858 年）六月再次担任此职。这是极为不合常理的人事安排。而这种安排的结果就是，酒井忠义向朝廷施压，拘捕福井藩士桥本左内、小浜藩士梅田云浜等尊王攘夷派的志士，在京都大举推进安政大狱。

另一边，孝明天皇让亲幕府的关白九条尚忠辞官，再让左大臣近卫忠熙成为新任关白。从武家传奏（负责与幕府联络的公家）口中听闻此事后，酒井忠义再次果断决定，不能允许天皇未等幕府做出答复就突然运用人事权力。

十月二十四日，老中间部诠胜上洛。表面上说是为了报告条约签署情况，其实是按照井伊直弼的授意，整肃参与戊午密敕的公家。间部诠胜要求九条尚忠留任关白，太阁鹰司政通、左大臣近卫忠熙、内大臣一条忠香、前内大臣三条实万等人辞官、剃度。

孝明天皇虽然同意九条尚忠留任，但是始终不肯同意处分鹰司政通等人。天皇称，要让他同意要求，就必须要证明他们四个人祖护水户藩的事实。见天皇坚决不从命，井伊直弼逮捕了大量相关人员。安政六年（1859 年）四月，天皇在压力下不得不最终命令以上诸人剃度反省。

● "樱田门外之变"爆发

安政六年（1859 年）十二月十五日，江户幕府命令水户藩将敕书返还给朝廷。高桥多一郎、金子孙二郎、关铁之介等水户藩激进派强烈反对返还。

安政七年（1860 年）一月十五日，老中安藤信正威胁水户藩

藩主德川庆笃称，如果在二十五日之前拒不返还，将以违反敕命之罪向德川齐昭问责。

德川齐昭最终决定返还敕书，并晓谕自己是被迫返还的。但是，激进派并不接受这种说法。德川齐昭便向激进派表示，自己是臣，不能不服从君命。于是，激进派便脱藩前往江户。

在江户，激进派与在府的萨摩藩士召开会议，确定了"三步走"方针。第一步，由金子孙二郎负责带领众人暗杀大老井伊直弼。第二步，高桥多一郎上京联合萨摩藩志士，在京都举兵。第三步，拥护朝廷处理幕府事宜，坚决推行幕政改革。

然而，萨摩藩拒绝与水户藩合作，不愿参加举兵。最后，只有有村次左卫门脱藩参与袭击井伊直弼的行动。

后来便发生了三月三日的樱田门外之变。

当时，在樱田门外埋伏的金子孙二郎等人决定以手枪为暗号，杀害井伊直弼。随后，他们按照拟定好的方法，先是拦轿喊冤，然后 10 余人冲上前去，将井伊直弼枪击在轿中。当时，子弹从大腿贯穿到腰部，导致井伊直弼无法活动，也许这便是他的致命伤。

由于当时正在下雪，将刀放入袋子中的护卫彦根藩士根本没法及时采取有效的防御措施，结果令冲在最前的有村次左卫门直接砍下了井伊直弼的头颅。

● **直弼并未当场丧命！？** 按照幕府法规，如果藩主遇袭而死，会因武士道修炼不精不仅会遭到处分，还会贬为平民。比如，这次在江户城发生的恶性事件，井伊直弼虽然当场丧命，但仍要先将人运回府邸，之后对外宣称因休养不足而死。由此便可视为虽然身受刀伤，但是当时仍然健在，就不会被问责。

江户幕府统治时期尤为看重武士道，这也是江户幕府统治时期独有的法规。在江户幕府统治时期，人们一般会维持表面上的体面，背后则会随机应变地采取各种应对措施。

因此，井伊家先是将井伊直弼的尸体放入轿中，带回府邸，同时告知幕府他是在登城途中受伤的。有村次左卫门将井伊直弼的首级带到了远藤但马守宅邸，后由井伊家取回。之后井伊家又向幕府通知了井伊直弼的死讯。

正是这个原因，幕府的评定所审判那些袭击者时，不是以杀人的嫌疑审问，而是以伤害的嫌疑审问。据《旧事咨询录》记载，负责审判的小俣景德提到嫌疑人交代杀害了井伊直弼，但是不承认在彦根藩进行了斩首，于是又进行了核查。

审讯时，面对"伤害重要官员，实在可耻"的责问，嫌疑人最初只是表示歉意，但不配合的态度十分强硬，甚至声称要按下手印后切腹。但是到了第三次重新审问时，嫌疑人的态度终于开始逐渐温和起来，他们承认罪行，按下手印，最后被处死。

可见，即便是发生了大老在登城途中遇袭的重大事件，幕府在审判的时候仍然会尤为重视武士社会的颜面问题。所以在官方记载中，我们只看到井伊直弼受伤，并没有被斩首这一段。

Q49　为什么德川庆喜会接受大政奉还？

│历史关键点│萨摩藩的内情及实力受到误判

● 庆喜决定接受大政奉还的真实意图

庆应三年（1867 年）十月十四日，第 15 代将军德川庆喜将执政权归还朝廷。关于德川庆喜进行大政奉还的真实意图，人们大多认为他是为了抢占先机，归还执政权，从而确保在新政府中能占据主导。还有人认为，他希望通过大政奉还的方式掌握将军和摄关合而为一的权力。因为德川庆喜能力出众，人们认为他绝不会这么简单就放弃权力。对此，家近良树提出，德川庆喜只是不愿看到内乱发生，在反复斟酌之后，才提出了这样的解决方法。

据说，大政奉还是土佐藩向幕府提议的做法。据原土佐藩士福冈孝弟回忆，自从樱田门外之变发生后，京都到处是萨摩藩士。

萨摩藩的大久保利通与公家岩仓具视合谋获得"讨幕密敕"，想一举搞垮幕府。我们知道，虽然敕是天皇的命令，但由于当时明治天皇年少，岩仓具视便擅自制造了敕令。

那时，福冈孝弟曾请求大久保利通等 5 天再举兵，并与若年寄格（直属于将军的仅次于老中的重要职务，管理老中职权范围以外的诸如旗本、御家人等官员）永井尚志展开了谈判，但大久保利通似乎对延期 5 天感到非常不满。

福冈孝弟便向永井提议幕府进行大政奉还，永井尚志当然不会买账。但是，当福冈问道，以幕府的兵力能镇压住萨摩藩的兵力吗？他略微思考后回答道，肯定无法制服对方。随即，他理解并表示会向上呈报大政奉还的建议。

十月三日，土佐藩的后藤象二郎与福冈孝弟向老中板仓胜静提交了建议书。板仓胜静收下建议书后，未做任何表态。虽然福冈孝弟等人特意提示这不是普通的建议书时，但板仓胜静仍旧只回答了一句"我知道了"，就再没有再说其他的话。

十月十日，德川庆喜派板仓去见曾任政事总裁的松平春岳，征求有关大政奉还的意见。可见，德川庆喜到这时还在犹豫。

十月十二日，德川庆喜最终下定决心，通知土佐藩，将老中、大目付与目付等人召集到二条城，表明自己已决定即将大政奉还。第二天，他将身在京都的诸藩重臣召集到二条城，发出大政奉还的意见书并咨询意见。德川庆喜特意强调要召见萨摩藩，尤其指明要召见萨摩藩家老小松带刀。众所周知，小松带刀是萨摩藩中的佐幕派，一旦大久保利通等人出现就会非常麻烦。当时，聚集在二条城中的各藩重臣正好有 50 人。德川庆喜本以为这件事各藩会提出各种建议和意见，但事实上各藩都没有表态。大家表示，这是非常重大的事情，要及时与本国联系，在了解藩内意见之后再进行上报。

看到此情此景，各藩也很迷惑要如何理解德川庆喜的说辞才对。至少幕臣们认为，大政奉还绝对不可能成为一种选择，更可能只是托词而已。然而，萨摩藩的小松带刀与土佐藩的后藤象二郎、福冈孝弟、广岛藩（艺州藩）的辻将曹等人提出要与德川庆喜见面，立即提出要向朝廷归还政权。

身处两难境地，德川庆喜为什么会下定决心要归还政权呢？

出生于一桥家的德川庆喜没有自身可以依靠的军事力量，京都也没有太多的旗本，他唯一能够依靠的是京都守护职松平容保率领的会津藩势力。在这样的情形下，德川庆喜必定会感到不安。

> 其实，事情的关键点在于有大量萨摩藩士在京都驻扎。德川庆喜或许曾认真考虑过，如果不提出大政奉还的做法，萨摩藩士可能会引发暴动。

● 萨摩藩内部其实非常反对举兵

那么还有一个问题，萨摩藩的举兵计划真的现实吗？

庆应三年（1867 年）五月二十四日，在德川庆喜主持召开神户港开港仪式的时候，就流出了萨摩藩即将举兵的传言。接着，开放兵库港口的敕令导致德川庆喜与萨摩、土佐、越前、宇和岛四位藩主的关系迅速恶化。

从长崎上京的后藤象二郎听说了萨摩藩的举兵计划，想极力避免内乱发生。因此，他让土佐藩京都藩邸的重要官员积极促使将军同意大政奉还，并提出了奉还后要请他在朝廷内新设的议会中负责治国理政的工作。当时他曾设想，在避免内乱的前提下让幕府销声匿迹，转变为以德川庆喜为中心的雄藩藩主开展管理政治事务的工作。

这时，西乡隆盛也赶来了。如果庆喜拒绝大政奉还，他便可打着正义的旗号举兵。

八月十四日，西乡隆盛提出了要在长州藩举兵的计划。让滞留在京都的千名萨摩藩兵兵分三路。在守卫御所的同时，还要袭击会津藩邸和幕府屯所。

但是，当时萨摩藩藩主的父亲岛津久光身在鹿儿岛。明眼人都能看出，这似乎只是先行一步的西乡隆盛、吉井友实等人自作主张的行动。

鹿儿岛方面得到西乡隆盛提出的出兵要求后，主流的观点无法理解为什么一定要去京都出兵，而且当时还面临着财政困境，出兵困难。京都藩邸的最高负责人家老关山糺等人坚决反对举兵，甚至还曾考虑过要拿到岛津久光的许可，亲斩西乡隆盛。

一位萨摩藩士在日记中写道："这两个人（西乡隆盛和吉井友实）到底是哪路人呢？（一旦举兵）必定会重蹈长州藩的覆辙，开始时虽势头强劲，但马上就会出现粮草不足的问题。我们（萨摩藩）才真的是国家的强盗，令人憎恶。"

对于众多萨摩藩士而言，幕府是非常强大的对手，因此仅凭萨摩藩的力量无法实现倒幕这种改革的计划。

西乡隆盛也没有充分的把握领导萨摩藩在京都举兵实现倒幕。他只是想作为倒幕的尖兵身先士卒，这也是当时尊王攘夷派特有的思维方式。

事实上，萨摩藩内部也存在严重对立，西乡隆盛等坚持强硬路线的人只是少数派。然而，土佐藩提交大政奉还的建言书时，其实早已认定萨摩藩的举兵计划是真实存在的。

大政奉还令摄政二条齐敬和中川宫（朝彦亲王）也感到大为震惊。刚刚即位的明治天皇年幼无知，几百年来一直将政权交给武家，公家完全没有掌控国政的能力。

更为神奇的是，德川庆喜当时竟然多次督促朝廷接受大政奉还。说明这不是表面上的说辞，而是他真心想要将大政归还给朝廷。

从此后的历史经过来看，放弃代表掌握政治实权的将军职务是失败之举。然而，从德川庆喜的角度来看，通过大政奉还平缓事态，之后凭借自己的政治实力掌握主导国家政权的权力反而应该是一种正确的选择。

在动荡的政治舞台上，很难看清对手的内情和真正的实力。德川庆喜就是高估了对方的实力，采取了后退一步的策略，把主动权交到了对方手中。如果当时做出其他决断，政局也将呈现出不同的形态，或许将完全改变日本的近代史。

Q50　是谁暗杀了坂本龙马？
│历史关键点│暗杀者的证词与西乡黑幕说的真伪

● 坂本龙马已发觉危险降临

在司马辽太郎之著作《龙马风云录》中，坂本龙马是一个豁达开朗、认同命运安排者。

确实，坂本龙马创造了实现大政奉还的契机，所以一直被幕臣、新选组追杀。但他竟然敢于长期潜伏在京都四条河原町的近江屋，难道他就没有意识到危险吗？

坂本龙马寄给友人望月清平的信中写道，萨摩藩的吉井友实提出目前还无法进入土佐藩邸，在四条先斗町十分危险。30天前，曾有幕吏得到坂本龙马进入京都的假消息，还询问了土佐藩邸。既然如此，就要尽快进入二本松的萨摩藩邸。

由此可见，所有涉事人员都知道坂本龙马当时面临着严重生死危机。

坂本龙马两次脱藩，人们都认为他无法进入土佐藩邸。即便如此，他仍然不愿意在萨摩藩邸藏身，他曾写道："到了万不得已的情况下，既然主仆一家都曾在这里战斗过，那我还是要在土佐藩邸中藏身。"庆应二年（1866 年）一月发生寺田屋事件时，他也同样认为即便遭遇袭击也能逃脱。

● **曾误以为暗杀龙马的犯人是新选组** 庆应三年（1867 年）十一月十五日，坂本龙马遭遇刺客袭击。刺客自称是十津川人，刺客趁山田藤吉上二楼通报之时，斩杀山田藤吉进入房间。

当时房间里除了坂本龙马外，还有陆援队队长中冈慎太郎。

遭遇意外袭击的坂本龙马顾不上取刀，额头被刀从侧面砍伤。虽然已经遭受致命伤，但是坂本龙马仍然欲从壁龛中取刀。然而，就在此时他又被砍伤了右肩和额头。

中冈慎太郎用尚未拔出鞘的小刀顽强抵抗，但他的双手双脚都被砍下。

刺客离去后，坂本龙马赶紧来到旁边的房间，向楼下喊找医生，然后用微弱的声音继续说道，我已经伤及脑部，估计是不行了。之后，便猝然倒下。这是袭击发生后，仅仅存活到第三日夜间的中冈慎太郎给出的证词。

人们当时坚信暗杀龙马的犯人是新选组。新选组队长近藤勇在流山被捕时，土佐藩的谷干城曾主张为了给龙马复仇，必须要严厉处罚新选组。

● 暗杀龙马的犯人

然而，事实并非如此。这是幕府设立的京都见回役的手笔。京都见回役设立于元治元年（1864 年）四月二十六日，俸禄为 5000 石，下设见回组与头①、勤方②共 200 余人。主要作用是维护京都治安。

命令袭击龙马的是见回役小笠原弥八郎，奉命行动的是见回组的与头佐佐木只三郎。佐佐木带领 6 名部下前往近江屋，杀死了两人，并砍伤了坂本龙马和中冈慎太郎。

我们知道，坂本龙马是促成大政奉还的核心人物。之所以小笠原弥八郎会做出这种指示，主要源于他对坂本龙马的怨恨。然而，当时的坂本龙马只是反对以武力方式倒幕，结果反倒相当于见回役杀害了德川家本应团结的伙伴。

今井信郎称自己负责望风，没有对坂本龙马下手。由于袭击坂本龙马的人几乎都在戊辰战争中战死，因此无从判断今井信郎的供述是真是假。因为即便他真的参与了袭击，也不会主动承认。

有一种说法认为西乡隆盛是暗杀坂本龙马的幕后黑手。其依据是，在希望实现武力倒幕的西乡隆盛看来，坂本龙马对自己的计划构成了威胁，但这种想法只是臆测。不过，熊本藩细川家的史料记载"杀害坂本的恐怕也是萨摩人"，为这种观点提供了佐证。

最终让真相大白的是在箱馆战争中投降的今井信郎，他曾是京都见回组成员，在兵部省和刑部省的预审中供述自己曾是暗杀龙马的刺客中的一员。

然而，杀害坂本龙马就会导致萨摩藩与刚刚签订萨土盟约的土佐藩关系陷入僵局。而且此时西乡隆盛已经返回萨摩，积极致力于将藩内的舆论统一到倒幕上来。也就是说他根本无暇顾及暗杀之事。

① 与头是江户时期军事组织"组"的头领，本处指"京都见回役"的高级官员。——译者注
② 勤方即与头勤方的简称，是协助与头做事的官员。——译者注

　　再者，很多历史书告诉我们，西乡隆盛十分欣赏坂本龙马这位老相识。如《返魂香》一书记载，在得知坂本龙马死讯后，西乡隆盛曾以胁迫的口吻对土佐藩参政后藤象二郎说道："后藤，如果你们不推三阻四，让他进入土佐宅邸，就不会发生这样的事。你们土佐的人都太不讲情面了。"

　　后藤辩解道："不是我们推托，而是因为当时有很多……"

　　"什么很多，真没意思。现在可好，你们丢了一员干将，也都泄气了吧。别说土佐、萨摩了，别的地方也再也找不到这样的人物了。太可惜了。"说话间，西乡隆盛流下了后悔的泪水。

　　中冈慎太郎死后，人们为坂本龙马和中冈慎太郎举行了葬礼。二人被葬在东山灵山墓地。现在每当坂本龙马的忌日来临，都会有很多人聚集在那里进行凭吊。

第四篇 近现代史

日本未能停下战争的脚步

第八章　近代　战争的时代

Q51　明治新政府是从何处发掘人才的？

| 历史关键点 | 人才肩负着藩的名誉与全新的国家

● **新政府的中央官制**

庆应三年（1867 年）十二月九日，朝廷废除关白等过去的朝廷官职，新设总裁、议定、参与三个职位。议定这三个职位的人选将从皇族、公家、大名中选出，而主导上之议事所议定会议的是下级公家岩仓具视。

为了讨论实务工作，还设立了"下之议事所"的参与会议。参与的核心人物都是倒幕派中的实权藩士。萨摩藩派出了岩下方平、西乡隆盛、大久保利通 3 人，土佐藩选出后藤象二郎、福冈孝弟、神山郡廉 3 人。除此之外，还有来自尾张藩的田中不二麿等两人，来自福井藩的中根雪江等 3 人，来自广岛藩的辻将曹等 3 人。公家除了大原重德之外，还邀请了桥本实梁等年轻倒幕派加入，但是公家这几人并没有太大的影响力。

● **徵士制度汇聚贤能、人才**

这些人都是决定国家政治方针政策的人，因此在他们之下必须要下设官僚机构才能让他们拟定的政策得以执行。

当时朝廷中没有这样的人才，而且当时还与旧幕府处于敌对状态，不可能依靠以往负责全国政治统治的旗本。如此一来，就只剩下各藩的人才可以依靠了。第二年的一月十七日，新政府制定了徵士制度。即从各藩征集贤能、人才到政府工作。

除了大久保利通等人之外，广泽真臣、前原一诚、伊藤博文、山县有朋（长州藩）、由利公正（福井藩）、陆奥宗光（纪州藩）、福冈孝弟与佐佐木高行（土佐藩）、副岛种臣与大隈重信与大木乔任（肥前藩）、横井小楠（肥后藩）、吉井友实与川村纯义（萨摩藩）等纷纷加入，最终有 600 多名徵士加入了新政府。

除此之外，加贺藩、大垣藩、鸟取藩、冈山藩与宇和岛藩等也出现了大量徵士。

萨、长、土、肥诸藩为戊辰战争获胜发挥了巨大的作用，由于他们采用的是依照天皇的命令进攻旧幕府，令许多藩都站在了新政府一边。不过，当时藩士的存在还是主要依赖于藩主。所以他们内心十分抗拒离开各藩成为新政府的官僚。

徵士离开原本隶属的藩，进入新政府，主要由萨、长、土、肥诸藩的人员组成，产生诸多议定的福井藩、尾张藩、广岛藩也相应地产生了多位徵士。

● **通过教育培养人才**

明治三年（1870 年）七月，明治政府发出设贡进生的布告，命令各藩选送学习西洋学问的秀才。在这里，"贡进生"是指各藩选送进贡的人才。而徵士则是要即刻走上一线，发挥作用的人。

从各藩选出的 300 多名青年以贡进生的身份在东京集结。因为新政府没有多余的财力，只能让各藩共同提供学费、住宿费、书本费等费用。依靠各藩提供的资金成为贡进生的人都会为了维护本藩的名誉刻苦学习，逐渐成长为明治政府中优秀的官员、学者。

其中的代表性人物有福冈藩的金子坚太郎、日向国饫肥藩的小村寿太郎、美作国真岛藩（原胜山藩）的鸠山和夫等人。

金子坚太郎曾赴美国哈佛大学留学，回日本后便投入明治宪中小藩在倒幕运动中的表现并不起眼，然而出身于中小藩的小村之所以能在明治时代有突出的表现正是得益于贡进生制度的栽培。

法的制定工作中。小村寿太郎也曾赴美国哈佛大学留学，后来一直活跃在外交舞台上，还曾参与签订日俄战争和谈条约《朴次茅斯条约》。鸠山和夫曾赴美国耶鲁大学留学，获得法学博士学位，之后投身政坛，成为众议院议员。

不过，由于实施废藩置县，贡进生制度只实施了一次。之后，负责通过教育手段选拔人才的机构便是创立于明治十九年（1886年）三月的帝国大学。

Q52　为什么新渡户稻造会写下《武士道》？

｜历史关键点｜日式伦理观受到世界各国质疑

● **让世界了解日本的著作**

现在史学界一般认为，新渡户稻造撰写《武士道》一书的动机缘于他与比利时法学家德·拉维里拉的对话。德·拉维里拉曾问他，日本没有宗教教育，那么日本又是如何开展道德教育的呢？当时新渡户未能立即回答。之后，新渡户稻造用《武士道》给出了迟来的回答，因为武士道正是为日本人灌输道德观念的教育方式。

相信对德·拉维里拉问题的回答，确实是新渡户稻造撰写《武士道》的一个原因，但他真正的原因肯定不止这一个。

明治三十二年（1899年），该书正式出版。

新渡户将《武士道》的第一章命名为"作为道德体系的武士道"。其中，开篇文章因将武士道比喻为"樱花"而闻名。可见，武士道在日本的地位不逊于日本的标志樱花，是另一种是根植于日本国土的"花"。

这种说法参照了本居宣长的和歌"人问敷岛大和心，朝日飘香山樱花"。宣长将本居樱花视为"大和心"的象征，而新渡户则将其作为"武士道"的标志。

新渡户最初将"武士道"翻译为英语中的 chivalry，强调"武士道"不仅代表"骑士的伦理"，还代表着个人的道德品质以及伴随人物身份的生存方式。

"武士道"词语本身的意思是战斗中的骑士之道德，即武士在工作和日常生活中应当遵守的道德理念。一言以蔽之，就是"武士的规矩"，也就是武士阶级中的贵族义务。

这就表明，他将武士道视为了日本人根本的伦理观念。可以说，新渡户的《武士道》是日本首部系统介绍武士道思想的书籍。

另外，在《武士道》第十二章中，曾通过外国人的笔触介绍了因冈山藩兵枪击法国水兵等人而导致负责人泷善三郎切腹的场景。从这里可以看出，当时对于欧美各国而言，日本仍是一个野蛮国家，而这种偏见在日本成为近代国家之后还一直萦绕着日本。

或许他撰写这本书的真实意图在于向外界表明日本人是重法制、懂礼数的文明国度。

新渡户在第十二章和第十三章中，将切腹定义为日本的礼法制度，详细阐述武士阶级之间极力控制刀的滥用行为，可见他对切腹的问题非常重视。

因此，这本书也成为了解日本的绝佳参考读本，在有意了解新兴国家日本的欧美各国尤为畅销。

● **回顾新渡户稻造的一生**　　新渡户稻造出生于文久二年（1862 年），是南部藩士新渡户十次郎的第三个儿子。新渡户十次郎与父亲新渡户傅一同开拓三本木原（青森县十和田市），稻造名字中的"稻"字其实就源于在这片土地上首次收获的稻子。

新渡户 5 岁丧父，明治四年（1871 年）在祖父新渡户傅的劝说下，他前往东京成为叔叔太田时敏的养子。13 岁时，他进入东京英语学校学习，后来在札幌农学校、东京大学等地学习，并赴美国留学。新渡户在参加东京大学入学考试的面试时，就向教授表达了希望成为太平洋之桥的抱负，可见他早已树立了出国留学的志向。

回国后，他历任京都帝国大学教授、第一高等学校校长、东京帝国大学教授、东京女子大学首任校长等职务，大正八年（1919年）更被推荐为国际联盟事务局次长。自次年起到大正十五年（1926年）共在国际联盟工作了 6 年。离任后，他又曾担任贵族院议员等职务。

他的妻子玛丽·艾尔金顿对日本人的思考方式和风俗习惯非常好奇，经常向新渡户稻造提问。她和新渡户稻造是在基督教贵格会教徒的集会上相识的。贵格主义思想对于新渡户稻造产生了很大影响，他曾表示认识这种思想能让他将基督教和东洋思想融为一体。

● **新渡户
《武士道》真
正的价值**

新渡户稻造在《武士道》第十五章写道，在武士道的影响下，通过武士形成的武士道伦理观成为所有日本人的理想，在民众间广为流传。

然而，新渡户稻造所列举的美德未必都发端于武士道。这本《武士道》虽然意在解释武士道，却又逐渐脱离武士，列举日本人普遍的美德，以期得到外国人的理解。可以说，这是在新渡户稻造的时代已经逐渐失去的理想化的日本人论。因此，新渡户稻造会将武士道比喻为本居宣长心中的大和心标志"樱花"也就顺理成章了。

19 世纪末期，新渡户稻造撰写《武士道》时，武士阶级已经从日本消亡，武士道式的思想方式也已经逐渐成为过去式。然而，新渡户稻造却在第十六章"武士道还活着吗"中主张此后的日本仍然保留着武士道思想。对于新渡户稻造而言，日本能在近代迅速崛起，正是源于"坚忍不拔、不屈不挠、勇往直前"的品格，而这正是"武士道"的产物。

新渡户稻造描写的武士的美德，其实也不仅限于武士，而应是日本人普遍的美德。从这个层面来看，与其说这本书是在解读武士道，它更像是日本文化论的滥觞。

以往，人们大多认为新渡户稻造的《武士道》是一本阐释武士道的书籍。然而，武士道原本就不是新渡户稻造书中所写的理性的事物，这本书有很多内容都是对武士道的误读。由此可见，这本书具有重要的里程碑意义。它是日本人首次将日本文化特质打造成意识形态，然后对外宣传的作品。

> 这本书的真正价值并没有体现在介绍武士道上，而是形成了新渡户稻造将理想的日本人形象展示给外国人的日本文化论。

Q53　乃木希典是无能之将吗？

｜历史关键点｜重新审视小说中的历史评价

● **旅顺要塞争夺战——夺取 203 高地的真相**

明治三十七年（1904 年）2 月 8 日，日本照会俄国断绝外交关系后，日俄战争随即爆发。这场战争中最重要的战役就是乃木希典大将担任司令官指挥的日本第三军与俄国在中国的旅顺要塞展开的争夺战。众所周知，司马辽太郎在小说《坂上之云》中记录的正是这场战争的经过。司马辽太郎称，这部小说"几乎百分之百还原了事实经过"，因此小说中描绘的战争画面一直被看作原汁

原味的史实。

然而，司马辽太郎笔下的乃木希典大将是个无能之辈，他不仅将人命视为草芥，还反复开展正面攻击，造成重大牺牲。那么，史实真的是这样吗？

我们不妨重新梳理一下当时的事实情况。

8月19日，乃木希典向旅顺要塞的东北方向发起第一轮总攻。然而，受到要塞上火力的阻挠，死伤者多达15000人。主要原因是，他没有掌握到开战后要塞战斗力骤增的消息。

随后，乃木希典吸取失败的教训，改为采用挖掘坑道接近敌方的正面进攻法，最终攻下了水师营堡垒等地。

10月25日，乃木希典发起了第二轮总攻。虽然当时攻下了部分堡垒，但未能攻陷要塞。不过，死伤者只有第一次的1/4而已。

这时，大本营提出转变进攻方针，即夺取203高地。这是海军提出的要求，海军希望能在203高地上设立观测站，然后从陆地上用炮弹击溃俄国舰队。

为了这个目的，11月26日，乃木希典又发起了第三轮总攻。这次也是向要塞的东北方向发起攻击，当时，著名的白桦队誓死发起突袭。虽然进攻势头勇猛，但俄国军队的要塞防守牢固，最终惨遭失败。

第二天，乃木希典命令主力攻击203高地。当时他似乎认为能通过这种方法将俄国士兵从要塞中诱骗出来。总参谋儿玉源太郎从总司令部来到这里的时候，这场进攻行动正在进行之中，正如司马辽太郎在其小说中所述，儿玉的想法也未能改变这项作战计划。

12月5日，日本军队最终得到了203高地。但第三军的总死伤人数已多达17000人，其中有10000人是在攻击203高地时丧命的。在另一边，俄国军队的死伤人数则远超日军。这场战争对于双方而言都是极为残酷的消耗战，没有人员补给的俄国方面遭受的打击情形更为惨重。

夺取 203 高地之后，日军便能够通过远程射击炮击俄国舰队，击沉了停靠在旅顺港的俄国舰船。然而，日军之后才得知这些俄国舰船其实早已丧失战斗力。

此后，战斗仍然在持续。乃木希典继续采用正面进攻法挖掘坑道、爆破堡垒，接连攻陷东鸡冠山北堡垒、二龙山堡垒以及松树山堡垒。第二年初，又攻陷了位于最高处的瞭望台。最终，俄国军队司令斯捷谢利放弃抵抗，选择投降。

● 颠覆对乃木将军的评价

军事史学家原刚依据战争经过做出了下述评价。

导致乃木希典第三军出现大量牺牲的原因不在于旅顺要塞之坚不可摧，而是在于海军请求支援不及时，且一直强行要求攻下要塞。他们未能掌握最新情报，便急于攻占 203 高地。面对困局，乃木希典只能冷静地选择了正面进攻法，促使第三军勇猛进攻，啃下了这根难以啃下的骨头，他的做法值得赞赏。原刚的结论源于他对参谋本部编写的《明治三十七、三十八年日俄战争史》等基本史料做出的批判性分析，具有较强的说服力。司马辽太郎严厉批评这本史料集是"进入明治后日本发行的最没有价值的书"。然而即便这么说，司马辽太郎参考的《机密日俄战史》似乎更为偏激。

日俄战争发生后，发生在旅顺的突袭事件被大肆宣扬，乃木希典甚至还被日本政府称为"军神"。于是，日军才会依赖于精神论，

司马辽太郎为什么要尤为严厉抨击乃木希典的作战方式呢？正如中西辉政所述，这是源于他对太平洋战争中恶性精神主义的反省。

多次在作战中完全无视补给和情报去拼命厮杀。因此，出于战败的反作用，司马辽太郎才会认为旅顺会战是轻视生命的愚蠢之战，乃木希典也是毫无军事才能的将领。司马辽太郎的理解一定是源于这样的时代背景的。

如此重新审视对乃木希典的评价具有充分的说服力。由于历史学家缺乏军事知识，无法从战略论调的角度深入探讨，相信这方面还有进一步深入挖掘的空间。

Q54　为什么"零式战斗机"被称为"零"战？
|历史关键点|尖端技术的研发一线

● 诞生于神武纪元 2600 年的零式舰上战斗机

百田尚树的著作《永远的 0》是近些年来为数不多成为畅销书的战争题材小说，2013 年该小说已被拍成电影。在我们年少时，日本有很多战争漫画，例如千叶弥彻的《紫色电光改换的塔卡》等就非常著名。其中，零式战斗机是最大的英雄，名字又英气十足。不过，当时完全没有想过为什么"零式战斗机"要用到"零"呢？

后来，在读过清水政彦的著作《零式舰上战斗机》之后，我明白了其中原委，也知道了零式战斗机的真实面目。清水著作中的片段是这样介绍的。

日本帝国陆海军军用机的命名方法是"年式加上机型名称"。零式战斗机的"零式"是录用制式的年份，那一年是昭和十五年（1940 年）。为了防止与大正时期形成制式的现役兵器年式重合，自昭和四年（1929 年）起人们便开始在年式中使用神武纪元的年份。昭和十五年正是神武纪元 2600 年，因此将其命名为"零式"。在日本军队中，有人按照日语发音将"零"读作"rei"，也有人按照英语发音读作"zero"。美军则按照编号称其为"零"，对其甚是畏惧。

另外，以往的海军舰上战斗机使用的都是"九六式"战机，在数量上还是以"九零式"为主。"九零式"是昭和五年（1930 年）开始使用的老式战斗机。零式战斗机由三菱制造，它的主任设计技师堀越二郎闻名于世，得益于他是吉卜力工作室创作、宫崎骏导演的电影《起风了》的主人公。

● **零式战斗机的优势与劣势**　零式战斗机最高飞行速度能达到 270 节（500 千米 / 小时）以上，续航时间超过 6 个小时（续航里程是 2000 千米），升力极强，是当时世界上能力最强的新锐机型。事实上，他也曾在太平洋战争中多次参战。

清水政彦表示，这种常见的评价如果放在舰载机上，就能突显出速度之快。但是，事实上它比当时其他国家的主力战斗机都要迟钝得多。能够像汽车的车轮一样，自动调节螺旋桨角度的"定速螺旋桨"技术其实是从美国的汉密尔顿标准公司购买生产许可后开始生产的。如果没有美国的技术，恐怕零式战斗机根本就不会诞生。

清水政彦表示，零式战斗机的三大优势在于：上升率高、从低速域或中速域加速的能力强、在战斗中具有高度的保持能力，这些都得益于机体重量轻的影响。

但是，零式战斗机也有两大劣势：高速域辅助翼方向调节迟

钝、不善于迅速下降。

此外，装备方面的两大劣势体现在：第一，搭载在主翼上的 20 毫米口径机关炮虽然破坏力强，但是弹药只有 60 发，在空中作战会迅速耗尽弹药；第二，机头上方左右各装有一挺 7.7 毫米的机关枪，虽然每挺有 500 发弹药，但是破坏力不足。不过，为了注重实现轻量化而不再配备保护飞行员的防弹装备是当时的常识，飞行员也不愿看到由于防弹装备的存在而拉低飞行性能。这种想法是合情合理的。

具体情况在清水政彦的著作中还有更为详尽的介绍，我们就不多说了。总之，当时战斗机所处的严酷环境以及为了克服环境问题而提升技术水平的努力令人印象深刻。而空中作战就是要将最尖端的技术整合起来才行。

Q55　为什么日本会与美国交战？
|历史关键点|　"日式思维"的缺陷与软肋

● 寻求尽快结束中日战争的方法

虽然德、意、日三国建立了同盟，但基本上太平洋战争都是日本在单独与英美作战。无论说什么，所有人都感受到这是一场错误的战争。

然而，加藤阳子在《日本人为何选择了战争》中提到，当时世界各国冲突非常严重，日本人为了获得更多资源，这种选择也并非完全无法理解。

日本原本希望尽早结束与中国的战争，但是始终未能完成。日军相继侵占上海、南京以及武汉，蒋介石为了保存实力，在日军全面围攻下，仍旧能将首都转移到中国的内陆城市——重庆。
日本认为，中国之所以能够实现战略战役，一定程度上因为英、
美、苏等都在援助中国。

　　日本将来自英美的援助路线称为"援蒋路线"。日本方面认为，
要想封锁援蒋路线，只需要进驻法国殖民地法属印度支那（越南、
老挝、柬埔寨），守住飞机场即可。

　　昭和十五年（1940 年）9 月 22 日，日本进驻属于法国的越南
北部地区。当时，法国已经处于德国的统治之下，因此并没有做出
抵抗。然而，由于中日之间的第一阶段战争已经结束，所以日本决
定在第二年的 7 月 2 日进驻越南南部。

　　美国对此采取的措施是冻结在日资本，进而下一步要全面石油
禁运。日本没有想到美国会采取如此强硬的手段。

　　日本为了继续展开战争，就只能进一步向已经成为英国和荷兰
殖民地的东南亚进军。此时，日本切身认识到要确保石油等物资，
构建自给自足的生活圈。然而，要实现这一目的就必须要与英美展
开斗争，至于目的是什么早已不再重要。

　　昭和十二年（1937 年）日本向中国发动全面侵略时，近卫内
阁在特殊会计一览中曾写下了巨额的"临时军事费"。其实，这些
临时军事费并非完全用于中日之间的战争，还有一些是用于准备与
英国、美国或者苏联等国的战争。

　　这一原本是为
了尽快结束战争的战
略，最后反而扩大了
战争的范围。

　　● **说服昭
和天皇**　　日军相信，即便要与英美展开对战，也
能坚持至少 1 年时间。而且，如果能在这一年
里取得优势，就能激发对方的厌战情绪，促成
讲和。

日本军部希望尽快与英美开战，早早投入到了战争筹备工作中。然而，昭和天皇否定了扩大战线的做法。天皇认为，日本仍然在与中国交战，此时不宜发动新的战争，这是无须辩驳的常识。日本军部则认为有必要说服天皇。他们构建起的理论体系是，新战争的意义在于将英、美、荷等势力驱逐出东亚，确保日本实现自立、自卫，构建以日本为中心的新秩序。如果延期与英美开战，可能会导致美国在军事上处于有利地位，日本将处于不利地位。

昭和十六年（1941 年）9 月 6 日，军令部总长永野修身在御前会议上发表了意味深长的讲话。

永野修身认为，即便战争可以避免，也必须开战。要是像大阪冬之役一样，实现和平之后，到第二年夏天仍然受到约束，在不利的条件下再次交战将会对整个日本产生不利影响。

这些话意在表明，虽然当时不是必须要开战，但越是拖延就越是不利。日本军部的想法是，既然迟早都要开战，就不如趁现在还有一丝胜算早做决断。

加藤阳子称，天皇很容易接受这种借日本历史事件进行比喻的表达，之后在解释进攻珍珠港的作战计划时，也将其比喻为"类似于桶狭间合战"的奇袭战法。当时，日本史是学校里的必修科目，军人都非常了解日本战争史。天皇都是在这些军部巧妙的历史解释中逐渐接受开战的。

● **开战始终是莽撞之举**

大家知道，日本偷袭美国珍珠港取得了成功。当时，日本联合舰队司令山本五十六提出该计后，马上就被批准了。珍珠港水深较浅，仅有 12 米，通常鱼雷要在水深超过 60 米的海域中使用，然而当时从飞机上投下的鱼雷竟然成功击中了目标，这也是始料未及的。

人们在用打赌的心态做事时，往往只会看到对自己有利的一面。对于可能会出现的问题，往往会睁一只眼闭一只眼。

当时决定与英、美开战的日本军部尽管汇集了全日本的最聪明的精英，依然会犯下不可饶恕的错误。

按照日本人的思维方式，如果不幸失败，自己以死谢罪便可，这是基于武士的观念产生的思想。江户幕府统治时期的武士即便遇到微不足道的失败，都常常会选择切腹谢罪。然而，如果大家都这么做的话，就会认为，只要切腹就能得到原谅。而在战时，日本人也表现出了同样的处事方式，将个别失败归结为指挥官的责任，只要指挥官选择自尽就不再深究失败的原因。

如错误发动战争，造成的巨大牺牲就不是决定发动战争的日本军部和政治家能通过自尽能够偿还的。

日本人孕育并发展了武士道，强烈的责任感是日本人的美德。这表明日本人重视名誉，能对自己的行为负责、正面应对，而不会选择逃避。同时，也附加了另一种"荣誉观"。无论战争多么艰险，如果选择逃避就是胆怯的表现。当人们带着决一死战的信念走上战场的时候，同时也坚定地认为自己不能当逃兵，这是当时普遍存在的想法。

两者相互叠加，导致日本选择与英美开战，险些让国家走向灭亡。我们必须要认识到，日本人引以为豪的强烈的名誉感、责任心等诸多美德的背后还潜藏着自身的软肋。

然而，问题出在日本没有认识到，凭借日本的国力是无法战胜美国的。日本等于是在虚幻的构想中发动了战争。也就是说，日本人打了一个必输的赌。

如果只是个人的失败，或许可以用性命来补偿。然而，在涉及日本整个国家和日本民族兴衰的问题上，应当承担责任的人当时仍然认为只要自己切腹就能解决问题，这种想法存在着绝对性的错误。有些后果不能靠一个人的生命来偿还。

虽然这种观念在个体上可以体现为一种美德，但是出现在集体上就成为一种缺陷。

第九章　现代　战后的日本

Q56　为什么战前的上流阶层会消失？

| 历史关键点 | 战后的农地改革和财产税致使华族走向没落

● 战前华族拥有气派的宅邸

有一本由三岛由纪夫创作并改编为电影的小说名为《春雪》，这本书中描绘了侯爵嫡子松枝清显与伯爵家千金绫仓聪子的爱情故事。电影中，妻夫木聪饰演松枝清显，竹内结子饰演绫仓聪子。

故事中，他们是十分般配的一对。松枝清显在成长历程中是无忧无虑，他虽然很在意绫仓聪子，却始终没有表现出自己对绫仓聪子的过多爱慕之情。当绫仓聪子最后与皇族洞院宫家订婚后，松枝清显才发觉自己竟然十分爱慕绫仓聪子，才开始对她展开热烈的追求。这种扭曲的心理状态与紧密交织的故事脉络、悲剧式的结局共同构成了这部一气呵成的三岛由纪夫式的文学杰作。

要想理解这部小说，首先就需要我们对战前日本的华族制度与华族生活状态有一些了解。在身份制度早已消失的今天，现代人或许根本无法想象当时华族的生活场景。

比如，松枝侯爵家气派的宅邸位于东京涩谷郊外，占地面积多达14万坪（1坪约合3.3平方米），该宅邸包含华丽的洋楼和日式的主建筑。现在一般的日本人恐怕没有谁会有这么大的宅邸了。

今天的人如果想参观这种财阀家的华族宅邸，不妨去参观位于东京目黑区驹场的近代文学馆。那里原本是加贺百万石之主前田侯爵家的宅邸，旁边还保留了一部分日式建筑。近代文学馆中的公园曾是前田家的庭院，不过规模相较于当时已缩小了不少。

东京著名的名流富人区涩谷松涛原本是锅岛侯爵家的农场，在大正时代分让为居民区。目前虽然已经易主，但仍然豪宅林立，不过面积最大的也只有 500 坪左右，已无法与往昔华族的宅邸相提并论。

● **华族人数与经济实力之间的鸿沟**　华族中的人都是何种家世？又有多少人属于华族呢？

其实，华族中包含五个等级的爵位，分别是公爵、侯爵、伯爵、子爵、男爵。

能成为公爵的是五摄家、德川宗家、德川庆喜家，以及在明治维新中立下赫赫功绩的大名家与公家，如岛津家（本家和玉里家）、毛利家、三条家、岩仓家等。公爵原本只有 12 个，但随着伊藤博文、大山岩、西园寺公望、桂太郎等家族从侯爵晋升为公爵，公爵数量达到了 19 个。

侯爵包括皇族、公家的清华家（家世仅次于摄家）、原国持大名、维新元勋等 40 家。其中还包含明治政府中因立下功绩而从伯爵晋升为侯爵的人。

伯爵共有 160 家，其中包含公卿（公家中叙位到三位以上的家族）、俸禄在 10 万石以上的大名家、明治维新或明治政府中的立功者。

子爵共有 400 家左右，包含公卿中的庶流、大名、明治政府中的立功者等人。

男爵共有 450 家左右，包含公家与大名家的分家、大名的家老、僧侣、神官，以及官吏、军人、学者等立功者。

这些人虽然统称为华族，但是依据出身的不同，其经济实力也会有巨大的差距。小说《春雪》中，维新元勋松枝侯爵家与出身于公家的绫仓伯爵家的财产也有天壤之别，这也是故事推动剧情的重要线索。

华族的财产中，旧幕府统治时期拥有的知行地决定了华族的家禄。统领地方国的大名和官位虽高却仅为普通武士、只有知行的公家之间自然会存在巨大的差距。

● **上流阶层为什么会消失？**

夺走这些战前华族财产的是昭和二十一年（1946年）11月12日生效的财产税。财产税制度规定，截至当年3月3日零点拥有财产者皆有纳税义务，征税对象为个人的全部财产，以临时税的形式一次性以高额的累进税率征收赋税。这项制度旨在重建战后遭遇毁灭性打击的日本财政体系，名义上是要吸收通过战争积累的利益。

最初的法案当然也考虑过法人财产税，然而如果征收法人的财产会导致法人实体消失。因而，停止征收法人财产税，形成了仅征收个人财产税的财产税法律。

由于当时很少有资产家手中持有如此大额的现金，因此也允许用土地、房屋等物品抵消，旧华族的家宅及广阔的土地几乎悉数归入国库。

当时的累进税率达到了惊人的地步，10万日元至20万日元的财产要缴纳25%的税款，财产达到1500万日元以上的，要缴纳90%的税款。

此外，农地改革和之后不断深化的通货膨胀也给华族造成了沉重的打击。野口悠纪雄在其著作《战后日本经济史》中表示，"战后经济政策不是在压榨人民，而是在压榨资产家"。事实正是如此。

太宰治的小说《斜阳》就是依据没落华族之女太田静子的日记写成的，她当时在与太宰交往。从中不难看出原本生活条件优渥的人们是在战后的社会变化中被命运摆布的苦涩。

生于伯爵家的立花文子是这样描述农地改革和财产税带给她的痛苦经历的。

除了生活必需品之外，10 万石以上的一切财产都要征税，且要求尤为严格，要按照 20%—90% 的高额累进税率缴税。当时评估了丈夫立花家的土地、建筑，并计算出了财产税金额，要求必须在 2 月 15 日之前申报。比如，占地面积约达 1 万坪的柳川藩江户上宅邸遗址位于东京下谷区西町三番地。宅邸在关东大地震中被烧毁，之后在 100 坪左右的土地上建立了立花家的东京事务所，剩余土地对外出租。当时为了缴纳税款变卖了除事务所以外的其他土地，然而每坪的单价仅为 450 日元。即便加上在农地改革中出让的农田的金额，尚未达到应当支付的财产税金额。

由于立花家家主鉴德正在隐居，所以必须要缴纳遗产税，用两三年完成纳税之后，发现当时的家产仅剩下柳川（福冈县）的三桥町、中山（现在的柳川市）的农业试验场、在三池郡高田町上内（现大牟田市）种植橘子的橘香园、当时的宅邸御花。立花家为了确保收入来源，让御花成为料亭，原来的伯爵家千金文子摇身一变成为老板娘。后来，那里成为柳川市的著名旅游景点，与现在的"御花"有着紧密的联系。

Q57 为什么会发生学生运动？

| 历史关键点 | 经济高速增长对青年人造成的负面影响

● "应有的秩序"遭到破坏，学生一涌而起

昭和四十四年（1969 年）1 月 18 日至 20 日期间发生的东大安田讲堂攻防战是当时的学生运动中的典型事件。在此之前，

中央大学、日本大学已经发生了学生运动，之后京都大学及地方大学的学生仍然在发起各种运动。当时为什么会发生这种学生运动呢？

学生运动的思想基础源于共产主义运动，其宗旨便是要解决贫富差距等社会矛盾问题。战前、战中华族和财阀拥有无尽的财富，普通劳动者生活在社会底层，贫农甚至还要卖女求生。在这样的背景下成立日本共产党完全能够理解。20世纪60年代后半期，新左翼运动兴盛，由于日本战败及华族没落、财阀解体，当时日本社会的贫富差距已经在逐步缩小。当时，人们完全可以凭借踏实地努力生活，过上正常的生活，团块世代的学生们不知为何仍然要制造骚乱。小熊英二借助庞大的史料对该事件展开分析，认为那场叛乱是对于高速经济增长产生的集体摩擦反应。小熊的分析结果如下。

以往归属于精英行列的大学生大多已成为工薪阶层，泯然众人。

第一，考入大学已成为"大众化"现象。20世纪60年代上半期大学生人数激增，1963年大学升学率已经超过15%。这就导致许多人在社会中产生闭塞感。此外，他们还对教育设施和大众教育感到不满，例如图书馆破旧不堪、教室空间不足等。小熊引用了政治学家高畠通敏的话语，表示这些人因不具备过硬的身份地位而被挡住了升迁之路，因而对社会阶层划分怀有怨恨情绪。

第二，高度经济增长导致社会发生剧变。当时刚刚进入大学的"团块世代"童年生活大多在农村的自然和街道环境中长大，无法适应变化飞速的生活文化。

否定城市的"混凝土森林"一词就充分展现了这种心理状态。

当时经济形势总体向好，正处在高度经济增长的全盛期。既然如此，为何还会发生学生运动？小熊用历史学中"道义经济"的观点解释了这一问题。"道义经济"指民众的规范意识，当时民众没有因生活疾苦而感到不满，反而是因为"应有的秩序"遭到破坏而选择奋起。民众选择团结起来，向他们眼中的秩序破坏者发出反抗的声音，列举其中不吉利的事物，进行批驳，在民众的意识中恢复秩序。总而言之，这是一场由于民众出于保守意识向社会"进步"发起的反抗运动。

小熊认为学生之所以会发生暴动，是由于当时的社会和大学违背了他们眼中"理想的社会面貌""理想的大学形象"，也就是破坏了他们的"道义经济"。批斗大学校长等学校领导的"集体交涉"就是批驳的一种表现。

就东京大学的学生运动而言，蕴含着浓烈的感情色彩，其中也不乏在高考大战中胜出后的失望情绪。这与日本大学的学生斗争有很大的不同，日本大学当时存在财务公开、学生要求自治等现实课题。"自我否定""解散东大"等口号就充分反映了这种情绪。

● **反抗东大教授丸山真男**　描写这个时代的言论家无一不会提及全共斗学生对东大教授丸山真男做出的残暴行为。

丸山原本是研究日本政治思想的学者，他在岩波书店发行的综合类杂志《世界》昭和二十一年（1946 年）第 5 期上发表了题为《超国家主义的理论与心理》的论文，分析了军人的精神结构，是赫然登上言论界舞台的进步知识分子代表。而最终，他却成为大学生运动中遭受全共斗学生抱怨或是轻视的对象。

首先，在安田讲堂攻防战之前，法学部研究室遭到学生的封锁、破坏。攻防战发生后，丸山曾前往荒废的研究室，慨叹道"这是对文化赤裸裸的破坏"。对此，有人批判道，丸山只是一个自私自利的学者，他没有理解斗争的意义，只是在为自己丧失了研究资料而感到难过。全共斗学生的斗争情绪集中到丸山一个人身上，之后学校复课后，丸山曾有三次在校园中遭到学生声讨。

当时的学生们骂声连连，甚至表示"差不多就动手吧""还要听着贝多芬，搞什么学问"。这也表明了当时的大学生们发觉自己无法成为像丸山这样的"知识特权阶级"，因而产生怨恨情绪。然而，不可否认的是当时日本的大学中仍然保留着封建式的师徒制度。以往，只要能坚持忍耐最终总能获得一席之地，但随着大学教育走向大众化，这种可能性也已经破灭了。

● **学生运动的终结**　之后，学生运动受到严厉管控，核心派与革命马克思主义派等派别之前发生了激烈的内讧，从共产主义者同盟中分离出来的赤军派提倡武装斗争论，逐渐走向极端。昭和四十五年（1970年），赤军劫持日航飞机飞往朝鲜。

当年底，发生了京浜安保共斗最高干部柴野春彦等人引发的志村警察署上赤塚派出所袭击事件，第二年底又发生了警务部部长土田国保的妻子被人用小型炸弹杀害的事件。这是因为，土田在上赤塚派出所袭击事件发生时表示，警官使用手枪射杀柴野是正当之举。因此遭到了报复。然而，土田夫人是清白之身，正如土田后来在电视上所说，这种行为属于卑劣行径。此时，激进派的行动也已经失去了目的。

昭和四十七年（1972年）2月，联合赤军（赤军派和京浜安保共斗联合组成的新左翼党派）在轻井泽一家名叫浅间山庄的企业招待所中与警官队展开了枪战。当时，警视厅第二机动队队长内田等两人殉职。

之后，联合赤军才得知他们中的 12 位伙伴被动用私刑致死。警察将媒体带领到已经确认后的事发现场，自导自演了一出电视报道见证遗体发掘瞬间的戏码。因此，新左翼运动完全失去了人们的支持。

飞机劫持事件发生当年，在大阪举行了世博会，共有 6421 万人入场参观。当时日本社会已经十分富裕。参加全共斗的许多学生也已经提交论文，从学校毕业，进入企业工作。20 世纪 80 年代后半期地价高涨的时期，正是他们购买房屋的时代。此外，提出"你能战斗 24 小时吗"激励口号的日本工薪阶层也是他们这一代人。

他们所反对的社会生存途径其实是经济高速增长所带来的硕果，这种机制形成于 20 世纪 60 年代上半期。

据小熊介绍，当时在新宿挥舞着武力棒的学生们认为大学毕业就能捧上铁饭碗、等着领退休金的机制是反人性的，他们认为必须要彻底颠覆这种机制。小熊也批判道，在 1968 年的时候这种社会机制刚刚形成 5 年，而学生们就认为这种机制会永远存续下去，足见他们是极为缺乏想象力的。正如他所说，如今 40 岁以下的工薪阶层完全无法预见自己退休的时候还能不能领到退休金。而现在的机制就真的更好吗？

而且，当今时代，企业经常裁员、减薪，刚毕业的大学生甚至都很难到正规企业就职。端着铁饭碗的人生路径在现实中并不存在。

被称为"失落的一代"现代年轻人在听到小熊的介绍后不免会产生这样的质疑。难不成这些全共斗的年轻人在世道好的时候随便撒泼还能顺利地找到工作，等经济不景气了还能拿着退休金逍遥自

在他们眼中，大多数民众都能过上来之不易的正常社会生活是理所应得的前提，而这种体制带给他们的闭塞感，让他们选择了抵制措施。

在吗？他们把自己当成什么人了？

不了解历史，人们往往就容易产生误解，理所当然地认为自己现在生活的社会环境是从过去一直延续到现在，并将永远延续下去的。然而，事实并非如此。学习历史最大的作用就是能让我们客观清醒地认识到自己究竟生活在哪个历史阶段。

参 考 文 献

第一篇 原始社会，古代史

相泽忠洋：《〈岩宿〉の発見》，讲谈社文库，1973 年

冈村道雄：《日本の歴史 01 縄文の生活志》，讲谈社，2000 年

佐原真、小林达雄：《世界史のなかの縄文》，新书馆，2001 年

佐原真编：《古代を考える 稲金屬戦争—彌生—》，吉川弘文馆，2002 年

每日新闻旧石器遗迹取材班：《発掘捏造》，每日新闻社，2001 年

松木武彦：《日本の歴史—列島創世記》，小学馆，2007 年

寺泽薫：《日本の歴史 02 王権誕生》，讲谈社，2000 年

都出比吕志：《日本古代の國家形成論序説—前方後円墳體制の提唱—》，《日本史研究》三四三号，1991 年

吉田孝：《日本の誕生》，岩波新书，1997 年

熊谷公男：《日本の歴史 03 大王から天皇へ》，讲谈社，2000 年

大山诚一：《歴史文化ライブラリー 65〈聖徳太子〉の誕生》，吉川弘文馆，1999 年

河内祥辅：《古代政治史における天皇制の論理》，吉川弘文馆，1986 年

渡辺晃宏：《日本の歴史 04 平城京と木簡の世紀》，讲谈社，2001 年

坂上康俊：《日本の歴史 05 律令國家の転換と「日本」》，讲谈社，2001 年

下向井龙彦：《日本の歴史 07 武士の成長と院政》，讲谈社，2001 年

米田雄介：《藤原摂関家の誕生》，吉川弘文馆，2002 年

保立道久：《平安王朝》，岩波新书，1996 年

大津透：《日本の歴史 06 道長と宮廷社會》，讲谈社，2001 年

河内祥辅：《保元の亂平治の亂》，吉川弘文馆，2002 年

第二篇　中世史

石井进：《日本の歴史 7 鎌倉幕府》，中公文库，1974 年

山本幸司：《日本の歴史 09 頼朝の天下草創》，讲谈社，2001 年

河内祥辅：《頼朝の時代——八〇年代内亂史》，平凡社选书，1990 年

笕雅博：《日本の歴史 10 蒙古襲來と德政令》，讲谈社，2001 年

新田一郎：《日本の歴史 11 太平記の時代》，讲谈社，2001 年

河内祥辅、新田一郎：《天皇の歴史 04 天皇と中世の武家》，讲谈社，2011 年

今谷明：《室町の王権—足利義満の王権簒奪計畫》，中公新书，1990 年

櫻井英治：《日本の歴史 12 室町人の精神》，讲谈社，2001 年

家永遵嗣：《室町幕府將軍権力の研究》，东京大学日本史学研究室，1995 年

久留岛典子：《日本の歴史 13 一揆と戦國大名》，讲谈社，2001 年

渡边大门：《戦國の貧乏天皇》，柏书房，2012 年

村井章介：《世界史のなかの戦國日本》，筑摩学艺文库，2012 年

彼得·米尔沃德著/松本多摩译:《ザビエルの見た日本》，讲谈社学术文库，
1998 年

第三篇　近世史

藤本正行:《桶狭間の戦い　信長の決断義元の誤算》，洋泉社，2010 年

藤本正行:《長篠の戦い　信長の勝因勝頼の敗因》，洋泉社，2010 年

平山优:《敗者の日本史 9 長篠合戦と武田勝頼》，吉川弘文館，2014 年

藤本正行:《再検証長篠の戦い》，洋泉社，2015 年

藤田达生:《謎とき本能寺の変》，讲谈社现代新书，2003 年

桐野作人:《織田信長　戦國最強の軍事カリスマ》，新人物往来社，
2011 年

藤本正行:《本能寺の変　信長の油斷光秀の殺意》，洋泉社，2010 年

诹访胜则:《黒田官兵衛〈天下を狙った軍師〉の実像》，中公新书，
2013 年

竹井英文:《織豊政権と東國社會〈物無事令〉論を越えて》，吉川弘文館，
2012 年

藤井让治:《〈惣無事〉はあれど:〈惣無事令〉はなし》，《史林》九三巻三号，
2010 年

藤木久志:《豊臣平和令と戦國社會》，东京大学出版会，1985 年

山本博文:《天下人の一級史料》，柏书房，2009 年

岩泽愿彦:《秀吉の唐入りに関する文書》，《日本历史》一六三号，

1962 年

武田万里子：《豊臣秀吉のアジア地理認識—〈大唐都〉はどこか》，《海事史研究》六七号，2010 年

荒野泰典：《近世日本と東アジア》，东京大学出版会，1988 年

山本博文：《敗者の日本史 15 赤穂事件と四十六士》，吉川弘文馆，2013 年

浦贺近世史研究会监修：《南浦書信》，未来社，2002 年

佐佐木克：《幕末史》，筑摩新书，2014 年

宫地正人：《幕末維新変革史》（全两册），岩波书店，2012 年

母利美和：《井伊直弼》，吉川弘文馆，2006 年

吉村昭：《桜田門外ノ変》，新潮社，1990 年

家近良树：《徳川慶喜》，吉川弘文馆，2004 年

中村武生：《京都の江戸時代をあるく》，文理阁，2008 年

松浦玲：《坂本龍馬》，岩波新书，2008 年

宫地佐一郎：《龍馬の手紙》，讲谈社学术文库，2003 年

第四篇　近现代史

清水唯一朗：《近代日本の官僚》，中公新书，2013 年

山本博文解读：《現代語訳　武士道》，筑摩新书，2010 年

原刚：《二〇三高地の真実総论》，《历史街道》ＰＨＰ研究所，2011 年 11 月号

中西輝政：《旅順攻略の奇跡を起こした第三軍が語る：〈日本人の真価〉とは何か》，《历史街道》ＰＨＰ研究所，2011 年 11 月号

中山隆志：《乃木希典と日露戦争の真実総論》，《历史街道》ＰＨＰ研究所，2013 年 1 月号

清水政彦：《零れい式しき艦上戦闘機》，新潮选书，2009 年

加藤阳子：《それでも，日本人は「戦争」を選んだ》，朝日出版社，2009 年

野口悠纪雄：《戦後日本経済史》，新潮选书，2008 年

立花和雄：《柳川の殿トンさんとよばれて…》，梓书院，1996 年

立花文子：《なんとかなるわよ―お姫さま，そして女將へ 立花文子自伝》，海鸟社，2004 年

小熊英二：《1968》（全两册），新曜社，2009 年

佐佐淳行：《連合赤軍「あさま山荘」事件》，文春文库，1999 年

竹内洋：《丸山眞男の時代》，中公新书，2005 年